Johann Gottfried Herder

Plastik - einige Wahrnehmungen über Form und Gestalt aus Pygmalions bildendem Träume

Johann Gottfried Herder

Plastik - einige Wahrnehmungen über Form und Gestalt aus Pygmalions bildendem Träume

ISBN/EAN: 9783743433359

Hergestellt in Europa, USA, Kanada, Australien, Japan

Cover: Foto ©ninafisch / pixelio.de

Plastik.

Einige Wahrnehmungen
über Form und Gestalt
aus
Pygmalions bildendem Traume.

Τι καλλος; ερωτημα τυφλȣ.

Riga,
bey Johann Friedrich Hartknoch.
1778.

Geschrieben größtentheils in den Jahren 1768=70.

Der unvollkommene Anfang zu ähnlichen Versuchen einer Anaglyphik, Optik, Akustik u. f.

— en! ille in nubibus arcus
mille trahit varios aduerso sole colores.
Virg.

Erster Abschnitt.

I.

Jener Blindgebohrne, den Diderot bemerkte[a]), stellte sich den Sinn des Gesichts wie ein Organ vor, auf das die Luft etwa den Eindruck mache, wie ihm ein Stab auf die fühlende Hand. Ein Spiegel dünkte ihm eine Maschiene, Körper im Relief außer sich zu werfen, wobei er nicht begriff, wie dies Relief sich nicht fühlen lasse, und glaubte, daß ein Mittel, eine zweite Maschiene möglich seyn müsse, den Betrug der ersten zu zeigen. Sein feines richtiges Gefühl ersetzte ihm, in seiner Meinung, das Gesicht völlig. Er unterschied bei der Härte und Glätte eines Körpers nicht minder fein, als beim Ton einer Stimme oder wir Sehenden bei Farben. Er beneidete uns also auch unser Gesicht, von dem er keine Vorstellung hatte, nicht; wars ihm ja um eine Vermehrung seiner Sinne zu thun, so wünschte er sich etwa längere Arme, um in den Mond gewisser und sicherer zu fühlen, als wir hinein sähen.

---

a) Lettre sur les aveugles etc.

So romantisch und zu philosophisch dieser Bericht scheint: so wird er doch im Grunde von Andern bestärkt, die nicht durch Diderots Auge sahen. Der blinde Saunderson wuste, Trotz seiner Mathematik, sich von Bildern auf der Fläche keinen Begriff zu machen, sie wurden ihm nur durch Maschienen begreiflich. Mit solchen rechnete er statt Zahlen; Linie und Figuren der Geometrie ersetzte er sich durch fühlbare Körper. Selbst die Sonnenstralen wurden in seiner Optik ihm seine fühlbare Stäbe; und bei dem Bilde, was sie machten, was durch sie auf einer Fläche sichtbar ward, dachte er nichts, er nahms als den Hülfsbegriff eines fremden Sinnes, einer andern Welt an. Das Schwerste der Geometrie, das Ganze der Körper, ward ihm in der Demonstration leicht; was Sehenden das Leichteste und Anschaulichste ist, Figuren auf der Fläche, ward ihm das Mühsamste: er muste auf fremde ungefühlte Begriffe bauen, muste zu Sehenden reden als wären sie Blinde. Sich den Würfel als sechs zusammenschlagende Pyramiden zu denken, war ihm leicht; sich ein Achteck auf der Fläche vorzustellen, ward ihm nur durch ein körperliches Achteck möglich.

Am merkbarsten ward dieser Unterschied zwischen Gesicht und Gefühl, Flächen- und Körperbegriffen an dem Blinden, dem Cheselden das Gesicht gab. Schon in seiner reifen Staarblindheit

helt hatte er Licht und Dunkel, und bei starkem
Licht Schwarz, Weiß, Hellroth unterscheiden kön=
nen; aber sein Gesicht war nur Gefühl. Es
waren Körper, die sich auf sein geschlossenes Auge
bewegten, nicht Eigenschaften der Fläche, nicht
Farben. Nun ward ihm sein Auge geöfnet, und
sein Gesicht erkannte nichts, was er voraus durchs
Gefühl gekannt hatte. Er sah keinen Raum,
unterschied auch die verschiedensten Gegenstände
nicht von einander; vor ihm stand, oder vielmehr
auf ihm lag eine große Bildertafel. Man lehrte
ihn unterscheiden, sein Gefühl sichtlich erkennen,
Figuren in Körper, Körper in Figuren verwan=
deln; er lernte und vergaß. „Das ist Katze!
„das ist Hund! sprach er, wohl, nun kenne ich
„euch, und ihr sollt mir nicht mehr entwischen„!
sie entwischten ihm noch oft, bis sein Auge Fertig=
keit erhielt, Figuren des Raums als Buchstaben
voriger Körpergefühle anzusehen, sie mit diesen
schnell zusammen zu halten, und die Gegenstände
um sich zu lesen. „Wir glaubten, er verstünde
„sogleich was die Gemälde vorstellten, die wir
„ihm zeigten; aber wir fanden, daß wir uns ge=
„irret hatten, denn eben zwei Monathe, nachdem
„der Staar ihm war gestochen worden, machte
„er plötzlich die Entdeckung, daß sie Körper, Er=
„höhungen und Vertiefungen vorstellten. Er
„hatte sie bisher nur als buntscheckige Flächen
„ange=

„angesehen, aber auch alsdenn war er nicht wenig
„erstaunt, daß sich die Gemälde nicht anfühlten,
„wie sie aussahen, daß die Theile, welche durch
„Licht und Schatten rauh und uneben aussahen,
„sich glatt wie die übrigen anfühlen ließen. Er
„fragte: welcher von beiden Sinnen der Betrüger
„sei, ob das Gesicht oder das Gefühl? — Man
„zeigte ihm seines Vaters Bild in einem Uhr-
„gehänge, und fragte ihn, was es sei? Er
„erkannte eine Aehnlichkeit, wunderte sich aber
„ungemein, daß sich ein großes Gesicht in einem
„kleinen Raum vorstellen ließe, welches ihm so
„unmöglich würde geschienen haben, als einen
„Scheffel in eine Metze zu bringen. — Erst
„konnte er gar nicht viel Licht vertragen, und hielt
„Alles, was er sah, für sehr groß; als er aber
„größere Sachen sah, hielt er die vorhin gese-
„henen für kleiner, und konnte sich keine Linien,
„außer den Grenzen, die er sah, vorstellen. Er
„sagte: daß das Zimmer, in dem er sich befinde,
„ein Theil des Hauses sei, wisse er wohl; aber
„er konnte nicht begreifen, daß das Haus größer
„aussehe, als das Zimmer. — Er kannte von
„keiner Sache die Gestalt, er unterschied auch
„keine Sache von der andern, sie mochte noch so
„verschiedne Gestalt und Größe haben; sondern,
„wenn man ihm sagte, was das für Sachen seyn,
„die er zuvor durchs Gefühl gekannt hatte: so
„betrach-

„betrachtete er sie sehr aufmerksam, um sie wie-
„der zu kennen. Weil er aber auf einmal zu viel
„neue Sachen lernen müste, vergaß er immer
„wieder welche, und lernte, wie er sagte, in einem
„Tage tausend Dinge kennen, die er wieder ver-
„gaß u. f. *b)*."

2.

Was lehren diese sonderbaren Erfahrungen?
Etwas, was wir täglich erfahren könnten,
wenn wir aufmerkten, daß das Gesicht uns nur
Gestalten, das Gefühl allein, Körper zeige:
daß Alles, was Form ist, nur durchs tastende
Gefühl, durchs Gesicht nur Fläche, und zwar
nicht körperliche, sondern nur sichtliche Lichtfläche
erkannt werde. — Der Satz wird einigen pa-
radox, andern gemein scheinen; wie er aber auch
scheine, ist er wahr, und wird große Folgerungen geben.

Was kann das Licht in unser Auge mahlen?
Was sich mahlen läßt, Bilder. Wie auf der
weißen Wand der dunkeln Kammer, so fällt auf
die Netzhaut des Auges ein Stralenpinsel von
allem, was vor ihm stehet, und kann nichts, als
was

b.) Smiths Optik.

was da steht, eine Fläche, ein Nebeneinander aller und der verschiedensten sichtbaren Gegenstände zeichnen. Dinge hinter einander, oder solide, massive Dinge als solche dem Auge zu geben, ist so unmöglich, als den Liebhaber hinter der dicken Tapete, den Bauer innerhalb der Windmühle singend zu mahlen.

Die weite Gegend, die ich vor mir sehe, was ist sie mit allen ihren Erscheinungen, als Bild, Fläche? Jener sich herab senkende Himmel und jener Wald, der sich in ihn verliert, und jenes hingebreitete Feld, und dies nähere Wasser, und dieser Rahme von Ufer, die Handhabe des ganzen Bildes — sind Bild, Tafel, ein Continuum neben einander. Jeder Gegenstand zeigt mir gerade so viel von sich, als der Spiegel von mir selbst zeigt, das ist, Figur, Vorderseite; daß ich mehr bin, muß ich durch andre Sinnen erkennen, oder aus Ideen schließen.

Warum solls also Wunder seyn, daß Blinde, denen ihr Gesicht gegeben wurde, nichts als ein Bilderhaus, eine gefärbte Fläche richt vor sich sahen? sehen wir doch alle nichts mehr, wenn wirs nicht auf andern Wegen fänden. Ein Kind sieht Himmel und Wiege, Mond und Amme neben einander, es greift nach dem Monde, wie nach der Amme, denn alles ist ihm Bild auf Einer Tafel.

Tafel. Aus dem Schlafe fahrend, ehe wir unser Urtheil sammeln, ist uns in der Dämmerung der Nacht, Wald und Baum, Nah und Fernes auf Einem Grunde: nahe Riesen, oder entfernte Zwerge, und sich auf uns bewegende Gespenster, bis wir aufwachen und unser Urtheil sammeln. Sodann sehen wir erst, wie wir durch Gewohnheit, aus andern Sinnen, und insonderheit durchs tastende Gefühl sehen lernten. Ein Körper, den wir nie durchs Gefühl als Körper erkannt hätten, oder auf dessen Leibhaftigkeit wir nicht durch bloße Aehnlichkeit schließen, bliebe uns ewig eine Handhabe Saturns, eine Binde Jupiters, d. i. Phänomenon, Erscheinung. Der Ophthalmit mit tausend Augen, ohne Gefühl, ohne tastende Hand, bliebe Zeitlebens in Platons Höle, und hätte von keiner einzigen Körpereigenschaft, als solcher, eigentlichen Begriff.

Denn alle Eigenschaften der Körper, was sind sie, als Beziehungen derselben auf unsern Körper, auf unser Gefühl? Was Undurchdringlichkeit, Härte, Weichheit, Glätte, Form, Gestalt, Rundheit sei? davon kann mir so wenig mein Auge durchs Licht, als meine Seele durch selbstständig Denken einen leibhaften, lebendigen Begriff geben. Der Vogel, das Pferd, der Fisch hat ihn nicht; der Mensch hat ihn, weil er nebst seiner Vernunft auch die umfassende, tastende Hand

Hand hat. Und wo er sie nicht hat, wo kein Mittel war, daß er sich von einem Körper durch körperliches Gefühl überzeugte: da muß er schließen und rathen und träumen und lügen, und weiß eigentlich nichts recht. Je mehr er Körper, als Körper, nicht angaffte und beträumte, sondern erfaßte, hatte, besaß, desto lebendiger ist sein Gefühl, es ist, wie auch das Wort sagt, Begriff der Sache.

Kommt in die Spielkammer des Kindes, und sehet, wie der kleine Erfahrungsmensch faset, greift, nimmt, wägt, tastet, mißt mit Händen und Füßen, um sich überall die schweren, ersten und nothwendigsten Begriffe von Körpern, Gestalten, Größe, Raum, Entfernung u. dgl. treu und sicher zu verschaffen. Worte und Lehren können sie ihm nicht geben; aber Erfahrung, Versuch, Proben. In wenigen Augenblicken lernt er da mehr und alles lebendiger, wahrer, stärker, als ihm in zehntausend Jahren Angaffen und Worterklären beibringen würde. Hier, indem er Gesicht und Gefühl unaufhörlich verbindet, eins durchs andre untersucht, erweitert, hebt, stärket — formt er sein erstes Urtheil. Durch Fehlgriffe und Fehlschlüsse kommt er zur Wahrheit, und je solider er hier dachte und denken lernte, desto bessere Grundlage legt er vielleicht auf die complexesten Urtheile seines Lebens. Wahrlich das erste Museum der mathematisch=physischen Lehrart.

Es

Es ist erprobte Wahrheit, daß der tastende unzerstreute Blinde sich von den körperlichen Eigenschaften viel vollständigere Begriffe sammelt, als der Sehende, der mit einem Sonnenstral hinüber gleitet. Mit seinem umfangenen, dunkeln, aber auch unendlich geübtern Gefühl, und mit der Methode, sich seine Begriffe langsam, treu und sicher zu ertasten, wird er über Form und lebendige Gegenwart der Dinge viel feiner urtheilen können, als dem Alles nur, wie ein Schatte, fliehet. Es hat blinde Wachsbildner gegeben, die die Sehenden übertrafen, und ich habe noch nie vom Beispiel Eines fehlenden Sinnes gehört, der sich nicht durch andre ersetzt hätte, Gesicht durchs Gefühl, der Mangel an Lichtfarben durch tiefgeprägte daurende Gestalten. Es bleibt also wahr: „der „Körper, den das Auge sieht, ist nur Fläche, die „Fläche, die die Hand tastet, Körper„.

Nur da wir von Kindheit auf unsre Sinne in Gemeinschaft und Verbindung brauchen: so verschlingen und gatten sich alle, insonderheit der gründlichste und der deutlichste der Sinne, Gefühl und Gesicht. Die schweren Begriffe, die wir uns langsam und mit Mühe ertappen, werden von Ideen des Gesichts begleitet: dies klärt uns auf, was wir dort nur dunkel faßten, und so wird uns endlich geläufig, das mit einem Blick weg zu haben, was wir uns Anfangs langsam ertasten musten.

mußten. Als der Körper unsrer Hand vorkam, ward zugleich das Bild desselben in unser Auge geworfen: die Seele verband beide, und die Idee des schnellen Sehens läuft nachher dem Begriff des langsamen Tastens vor. Wir glauben zu sehen, wo wir nur fühlen und fühlen sollten; wir sehen endlich so viel und so schnell, daß wir nichts mehr fühlen, und fühlen können, da doch dieser Sinn unaufhörlich die Grundveste und der Gewährsmann des vorigen seyn muß. In allen diesen Fällen ist das Gesicht nur eine verkürzte Formel des Gefühls. Die volle Form ist Figur, die Bildsäule ein flacher Kupferstich worden. Im Gesicht ist Traum, im Gefühl Wahrheit.

Daß dem so sei, sehen wir in Fällen, wo sich beide Sinne scheiden und ein neu Medium oder eine neue Formel eintritt, nach der sie sich gatten sollten. Wenn der Stab im Wasser gebrochen scheint und man greift darnach an unrechter Stelle; so ist wohl hier von keinem Truge der Sinnen die Frage: denn nach einem Stralenbilde, als solchem, muß ich nicht greifen. Was ich also sah, war wahr, würkliches Bild auf würklicher Fläche; nur, wornach ich griff, war nicht wahr: denn wer wird nach einem Bilde auf einer Fläche fassen? — Weil nun aber unser Gesicht und Gefühl, als Schwestern, zusammen erzogen wur-

wurden, und von Jugend auf Eine der andern die Arbeit tragen half oder sie gar allein übernahm: so geschahe es auch hier, und Schwester verfehlte die Schwester. Sie hatten sich sonst auf der Erde versucht; nun ist der Fall im Wasser, einem andern Element der Stralenbrechung, wo sie sich nicht gegen einander geübt hatten. Ein Wassermann würds besser getroffen haben.

Abermals ein Beispiel der vorigen Geschichte. „Cheseldens Blinder sah ain Gemählde nur ein „Farbenbrett; da sich die Figuren lostrennten „und er sie erkannte, griff er darnach als nach Körpern„. Es scheint sonderbar, ist aber sehr natürlich, und der Fall geschieht öfters. Ein Kind, ein rohes Auge sieht am Gemählde das Farbenbrett öfter, als man denket: es kann sich, so lange die Figur ihm am Brett klebt, jenen Schatten, diesen Streif nicht erklären; es gaffet. Nun aber fangen die Figuren an, sich zu beleben; ists nicht, als ob sie hervorgingen und würden Gestalten? Man sieht sie gegenwärtig, man greift um sie, der Traum wird Wahrheit. Die höchste Liebe und Entzückung macht also gerade das, was dort die Unwissenheit that, und eben das ist der Triumph des Mahlers! Durch seinen Zaubertrug sollte Gesicht Gefühl werden, so wie bei ihm das Gefühl Gesicht ward.

3. Ich

3.

Ich glaube wohl nicht mehr Exempel häufen zu dörfen, zum Erweise eines Satzes, der so augenscheinlich ist: daß „fürs Gesicht eigentlich „nur Flächen, Bilder, Figuren eines Plans ge„hören, Körper aber und Formen der Körper vom „Gefühl abhangen,„. Lasset uns sehen, warum wir der Spekulation so lange nachhiengen? und wozu denn endlich der ganze Unterschied hilft?

Mich dünkt, zu manchem. Denn ein Grundgesetz und abgeschiednes Reich der Würkung zweier verschiednen und sich verwirrenden Sinne kann nie leere Spekulation seyn. Wären alle unsre Begriffe in Wissenschaften und Künsten auf ihren Ursprung zurückgeführt, oder könnten sie dahin zurückgeführt werden; da würden sich Verbindungen sondern und Sonderungen binden, wie man sie in der großen Verwirrung aller Dinge, die wir Leben nennen, nicht ordnet. Da alle unsre Begriffe vom Menschen ausgehen oder auf ihn kommen: so muß nahe diesem Mittelpunkt und der Art, wie er spinnt und würkt, die Quelle der größten Irrthümer und der sichtlichsten Wahrheit aufgespürt werden, oder sie ist nirgend. — Ich bleibe hier nur bei zwei Sinnen und bei Einem Begriff derselben Schönheit.

Schön-

Schönheit hat von Schauen, von Schein den Namen, und am leichtesten wird sie auch durchs Schauen, durch schönen Schein erkannt und geschätzet. Nichts ist schneller, klärer, überleuchtender als Sonnenstral und unser Auge auf seinen Flügeln: eine Welt außer und neben einander wird ihm auf Einen Blick offenbar. Und da diese Welt nicht wie Schall vorübergeht, sondern bleibt und gleichsam selbst zur Beschauung einladet, da der feine Sonnenstral so schön färbt und so deutlich zeiget; was Wunder, daß unsre Seelenlehre am liebsten von diesem Sinne Namen borget? Ihr Erkennen ist Sehen, ihr bestes Angenehme Schönheit.

Es ist nicht zu läugnen, daß von dieser Höhe nicht Viel sollte übersehen und Vieles des Vielen sehr klar, licht und deutlich gemacht werden können. Das Gesicht ist der künstlichste, philosophischte Sinn. Es wird durch die feinsten Uebungen, Schlüsse, Vergleichungen gefeilt und berichtigt, es schneidet mit einem Sonnenstrale. Hätten wir also auch nur aus diesem Sinne eine rechte Phänomenologie des Schönen und Wahren: so hätten wir viel. —

Indessen hätten wir mit ihr nicht alles, am wenigsten das Gründlichste, Einfachste, Erste. Der Sinn des Gesichts würkt flach, er spielt und glei=

gleitet auf der Oberfläche mit Bild und Farbe umher; überdem hat er so Vieles und so Zusammengesetztes vor sich, daß man mit ihm wohl nie auf den Grund kommen wird. Er borgt von andern und baut auf andre Sinne: ihre Hülfsbegriffe müssen ihm Grundlage seyn, die er nur mit Licht umglänzet. Dringe ich nun nicht in diese Begriffe andrer Sinne, suche ich nicht Gestalt und Form, statt zu ersehen, ursprünglich zu erfassen, so schwebe ich mit meiner Theorie des Schönen und Wahren aus dem Gesichte ewig in der Luft, und schwimme mit Seifenblasen. Eine Theorie schöner Formen aus Gesetzen der Optik ist so viel als eine Theorie der Musik aus dem Geschmacke. „Die rothe Farbe, sagte jener Blinde, nun begreife ich sie, sie ist wie der Schall einer Trompete„„; und gerade das sind viele Abhandlungen der Aesthetik aus andern in andre Sinne, daß man zuletzt nicht weiß, wo oder wie man dran ist?

Man klassificirt die schönen Künste ordentlich unter zwei Hauptsinne, Gesicht und Gehör; und dem ersten Hauptmanne gibt man alles, was man will, aber er nicht fodert, Flächen, Formen, Farben, Gestalten, Bildsäulen, Bretter, Sprünge, Kleider. Daß man Bildsäulen sehen kann, daran hat niemand gezweifelt; ob aber aus dem Gesicht sich ursprünglich bestimmen lasse, was schöne Form ist? ob dieser Begriff

griff den Sinn des Gesichts für seinen Ursprung und Oberrichter erkenne? das läßt sich nicht blos bezweifeln, sondern gerade verneinen. Laßet ein Geschöpf ganz Auge, ja einen Argus mit hundert Augen hundert Jahr eine Bildsäule besehen und von allen Seiten betrachten: ist er nicht ein Geschöpf, das Hand hat, das einst tasten und wenigstens sich selbst betasten konnte; ein Vogelauge, ganz Schnabel, ganz Blick, ganz Fittig und Klaue, wird nie von diesem Dinge als Vogelansicht haben. Raum, Winkel, Form, Rundung lerne ich als solche in leibhafter Wahrheit nicht durchs Gesicht erkennen; geschweige das Wesen dieser Kunst, schöne Form, schöne Bildung, die nicht Farbe, nicht Spiel der Proportion, der Symmetrie, des Lichtes und Schattens, sondern dargestellte, tastbare Wahrheit ist. Die schöne Linie, die hier immer ihre Bahn verändert, sie, die nie gewaltsam unterbrochen, nie widrig vertrieben sich mit Pracht und Schöne um den Körper wälzet, und nimmer ruhend und immer fortschwebend in ihm den Guß, die Fülle, das sanft verblasene entzückende Leibhafte bildet, das nie von Fläche, nie von Ecke oder Winkel weiß; diese Linie kann so wenig Gesichtsfläche, so wenig Tafel und Kupferstich werden, daß gerade mit diesen Alles an ihr hin ist. Das Gesicht zerstört die schöne Bildsäule, statt daß es sie schaffe:

es verwandelt sie in Ecken und Flächen, bei denen es viel ist, wenn sie nicht das schönste Wesen ihrer Innigkeit, Fülle und Runde in lauter Spiegelecken verwandle; unmöglich kanns also Mutter dieser Kunst seyn.

Seht jenen Liebhaber, der tiefgesenkt um die Bildsäule wanket. Was thut er nicht, um sein Gesicht zum Gefühl zu machen, zu schauen als ob er im Dunkeln taste? Er gleitet umher, sucht Ruhe und findet keine, hat keinen Gesichtspunkt, wie beim Gemählde, weil tausende ihm nicht gnug sind, weil, so bald es eingewurzelter Gesichtspunkt ist, das Lebendige Tafel wird, und die schöne runde Gestalt sich in ein erbärmliches Vieleck zerstücket. Darum gleitet er: sein Auge ward Hand, der Lichtstral Finger, oder vielmehr seine Seele hat einen noch viel feinern Finger als Hand und Lichtstral ist, das Bild aus des Urhebers Arm und Seele in sich zu fassen. Sie hats! die Täuschung ist geschehn: es lebt, und sie fühlt, daß es lebe; und nun spricht sie, nicht, als ob sie sehe, sondern taste, fühle. Eine Bildsäule kalt beschrieben, gibt so wenig Ideen als eine gemahlte Musik; lieber laß sie stehen und gehe vorüber.

Wenn ich Einem Menschen seine Begeisterung vergebe, so ists dem Liebhaber der Kunst, dem

dem Künstler: denn ohne sie war kein Liebhaber, kein Künstler. Der elende Tropf, der vorm Modell sitzt und alles platt und flach siehet, der Arme, der vor der lebenden Person steht und nur ein Farbenbrett an ihr gewahr wird, sind Klecker, nicht Künstler. Sollen die Figuren von der Leinwand vortreten, wachsen, sich beseelen, sprechen, handeln; gewiß so musten sie dem Künstler auch so erscheinen und von ihm gefühlt seyn. Phidias, der den Donnergott bildete, als er im Homer las und vom Haupte Jupiters, von seiner fallenden Locke ihm Kraft herabsank, dem Gotte näher zu treten und ihn zu umfangen in Majestät und Liebe: Apollonius Nestorides, der den Herkules machte und den Riesenbezwinger in Brust, in Hüften, in Armen, im ganzen Körper fühlte: Agasias, als er den Fechter schuf und in allen Sehnen ihn tastete und in allen Kräften ihn hingab; wenn diese nicht begeistert sprechen dorften, wer darfs denn? Sie sprachen durch ihr Werk und schwiegen: der Liebhaber fühlt, schafft ihnen nach und stammlet im Umfang, im Meere von Leben, was ihn ergreifet. — Ueberhaupt, je näher wir einem Gegenstande kommen, desto lebendiger wird unsre Sprache, und je lebendiger wir ihn von fern her fühlen, desto beschwerlicher wird uns der trennende Raum, desto mehr wollen wir zu ihm. Wehe dem Liebhaber, der in behaglicher Ruhe seine Geliebte

liebte von fern als ein flaches Bild ansieht und gnug hat! wehe dem Apollo- dem Herkulesbildner, der nie einen Wuchs Apollo's umschlang, der eine Brust, einen Rücken Herkules auch nie im Traume fühlte. Aus Nichts kann wahrlich nichts anders als Nichts, und aus dem unfühlenden Sonnenstral nie warme schaffende Hand werden.

4.

Ists einmal erlaubt, über Werk zu reden und über Kunst zu philosophiren: so muß die Philosophie wenigstens genau seyn, und wo möglich zu den ersten einfachsten Begriffen reichen. Als das Philosophiren über schöne Kunst einmal noch Mode war, suchte ich lange über dem eigentlichen Begriff, der schöne Formen und Farben, Bildnerei und Mahlerei trenne, und — fand ihn nicht c). Immer Mahlerei und Bildhauerei in einander, unter Einem Sinne, also unter Einem Organ der Seele, das Schöne in beiden

---

c) Falkonets Gedanken von der Bildhauerkunst, (übers. N. Bibl. d. sch. W. B. 1. St. 1.) sind die trefliche Vorlesung eines Künstlers, dessen Zweck es gar nicht ist, die Grenzen zweener Künste philosophisch zu sondern.

beiden zu schaffen und zu empfinden: also auch
dies Schöne völlig auf Eine Art, durch Einerlei
natürliche Zeichen, in einem Raume neben einander würkend, nur Eins in Formen, das andre
auf der Fläche. Ich muß sagen, ich begriff dabei wenig. Zwo Künste im Gebiet Eines Sinnes müssen auch geradezu subjektiv Einerlei Gesetze des Wahren und Schönen haben, denn sie
kommen zu Einer Pforte hinein, wie sie beide zu
Einer heraus gingen, und ja nur für Einen Sinn
da sind. Die Mahlerei muß also so sehr skulpturiren, die Skulptur so viel mahlen können, als
sie will, und es muß schön seyn: sie dienen ja
Einem Sinne, regen Einen Punkt der Seele;
und nichts ist doch unwahrer, als dies. Ich verfolgte beide Künste und fand, daß kein einziges
Gesetz, keine Bemerkung, keine Würkung der
Einen, ohn Unterschied und Einschränkung auf
die andre passe. Ich fand, daß gerade je eigner
Etwas Einer Kunst sei und gleichsam als einheimisch derselben in ihr große Würkung thue, desto
weniger lasse es sich platt anwenden und übertragen, ohne die entsetzlichste Würkung. Ich fand
arge Beispiele davon in der Ausführung, aber
noch ungleich ärgere in der Theorie und Philosophie dieser Künste, die oft von Unwissenden der
Kunst und Wissenschaft geschrieben, alles seltsam
durch einander gemischt, beide nicht als zwo Schwestern

ſtern oder Halbſchweſtern, ſondern meiſtens als ein doppelt Eins betrachtet und keinen Plunder an der Einen gefunden haben, der nicht auch der andern gebühre. Daher nun jene erbärmliche Kritiken, jene armſelige, verbietende und verengernde Kunſtregeln, jenes bitterſüße Geſchwätz vom allgemeinen Schönen, woran ſich der Jünger verdirbt, das dem Meiſter ekelt und das doch der kenneriſche Pöbel als Weisheitsſprüche im Munde führet. Endlich kam ich auf meinen Begriff, der mir ſo wahr, der Natur unſrer Sinne, beider Künſte und hundert ſonderbaren Erfahrungen ſo gemäß ſchien, daß er, als der eigentliche ſubjektive Grenzſtein, beide Künſte und ihre Eindrücke und Regeln auf die lindeſte Weiſe ſcheidet. Ich gewann einen Punkt, zu ſehen, was jeder Kunſt eigen oder fremde, Macht oder Bedürfniß, Traum oder Wahrheit ſei, und es war, als ob mir ein Sinn würde, die Natur des Schönen da furchtſam von ferne zu ahnden, wo — doch ich plaudre zu frühe und zu viel. Hier iſt der nackte Umriß, wie ich glaube, daß die Künſte des Schönen ſich zu einander verhalten:

Einen Sinn haben wir, der Theile außer ſich neben einander, einen andern, der ſie nach einander, einen dritten, der ſie in einander erfaſſet. Geſicht, Gehör und Gefühl.

Theile

Theile neben einander geben eine Fläche: Theile nach einander am reinsten und einfachsten sind Töne. Theile auf einmal in= neben= bei einander, Körper oder Formen. Es gibt also in uns einen Sinn für Flächen, Töne, Formen, und wenns dabei aufs Schöne ankommt, drei Sinne für drei Gattungen der Schönheit, die unterschieden seyn müssen, wie Fläche, Ton, Körper. Und wenns Künste gibt, wo jede in Einer dieser Gattungen arbeitet, so kennen wir auch ihr Gebiet von außen und innen, Fläche, Ton, Körper, wie Gesicht, Gehör, Gefühl. Dies sind sodann Grenzen, die ihnen die Natur anwies und keine Verabredung; die also auch keine Verabredung ändern kann, oder die Natur rächet. Eine Tonkunst, die mahlen, und eine Mahlerei die tönen, und eine Bildnerei die färben, und eine Schilderei die in Stein hauen will, sind lauter Abarten, ohne oder mit falscher Würkung. Und alle Drei verhalten sich zu einander, als Fläche, Ton, Körper, oder wie **Raum, Zeit und Kraft**, die drei grösten Medien der allweiten Schöpfung, mit denen sie alles fasset, alles umschränket.

Lasset uns sogleich Ein Zwei Folgerungen sehen, wie sich Bild= und Mahlerei im Ganzen verhalten.

Ist diese die Kunst fürs Auge, und ists wahr, daß das Auge nur Fläche, und Alles wie Fläche, wie Bild empfindet: so ist das Werk der Mahlerei tabula, tavola, tableau, eine **Bildertafel,** auf der die Schöpfung des Künstlers wie Traum da steht, in der Alles also auf dem Anschein, auf dem Nebeneinander beruhet. Hievon also muß Erfindung und Anordnung, Einheit und Mannichfaltigkeit (und wie die Litanei von Kunstnamen weiter heiße) ausgehen, darauf zurückkommen, und ist, wie viele Kapitel und Bände davon gefüllt werden, dem Künstler selbst aus einem sehr einfachen Grundsatze, der **Natur seiner Kunst,** mehr als sichtbar. Diese ist ihm das Eine Königsgesetz, außer dem er keines kennet, die Göttin, die er verehret. In der treuen Behandlung seines Werks muß ihm alle Philosophie darüber in **Grund' und Wurzel,** und als etwas so **Einfaches** erscheinen, dessen alle das vielfache Geschwätz nicht werth ist.

Die Bildnerei arbeitet in einander, **Ein** lebendes, Ein **Werk** voll Seele, das **da sei** und daure. Schatte und Morgenroth, Blitz und Donner, Bach und Flamme kann sie nicht bilden, so wenig das die tastende Hand greifen kann; aber warum soll dies deshalb auch der Mahlerei versagt seyn? Was hat diese für ein ander Gesetz, für andre Macht und Beruf, als die große Tafel der Natur mit allen ihren Erscheinungen, in ihrer großen schönen Sichtbarkeit zu schildern? und

mit

mit welchem Zauber thut sies! Die sind nicht klug, die die Landschaftsmahlerei, die Naturstücke des großen Zusammenhanges der Schöpfung verachten, herunter setzen, oder gar dem Künstler Affenernstlich untersagen. Ein Mahler, und soll kein Mahler seyn? Ein Schilderer, und soll nicht schildern? Bildsäulen drechseln soll er mit seinem Pinsel und mit seinen Farben geigen, wie's ihrem ächten antiken Geschmacke behagt. Die Tafel der Schöpfung schildern, ist ihnen unedel; als ob nicht Himmel und Erde besser wäre und mehr auf sich hätte, als ein Krüppel, der zwischen ihnen schleicht, und dessen Konterfeyung mit Gewalt einzige würdige Mahlerei seyn soll.

Bildnerei schafft schöne Formen, sie drängt in einander und stellt dar; nothwendig muß sie also schaffen, was ihre Darstellung verdient, und was für sich da steht. Sie kann nicht durch das Nebeneinander gewinnen, daß Eins dem Andern aushelfe und doch also Alles so schlecht nicht sey: denn in ihr ist Eins Alles und Alles nur Eins. Ist dies unwürdig, leblos, schlecht, nichts sagend; Schade um Meißel und Marmor! Kröte und Frosch, Fels und Matratze zu bilden, war der Rede nicht werth, wenn sie nicht etwa einem höhern Werk als Beigehörde dienen, und also nicht Hauptwerk seyn wollen. Wo Seele lebt und einen edlen Körper durchhaucht und die Kunst wetteifern kann,

Seele

Seele im Körper darzustellen, Götter, Menschen und edle Thiere, das bilde die Kunst und das hat sie gebildet. — Wer aber mit hoher idealischer Strenge dies Gesetz abermals den Schilderern, den Mahlern der großen Naturtafel aufbürdet, der greife ja nach seinem Kopfe, wie Er etwa zu schildern wäre.

Endlich die Bildnerei ist Wahrheit, die Mahlerei Traum: jene ganz Darstellung, diese erzählender Zauber, welch ein Unterschied! und wie wenig stehen sie auf Einem Grunde! Eine Bildsäule kann mich umfassen, daß ich vor ihr knie, ihr Freund und Gespiele werde, sie ist gegenwärtig, sie ist da. Die schönste Mahlerei ist Roman, Traum eines Traumes. Sie kann mich mit sich verschweben, Augenblicke gegenwärtig werden und wie ein Engel in Licht gekleidet, mich mit sich fortziehn; aber der Eindruck ist anders als er dort war. Der Lichtstral weicht hin, es ist Glanz, Bild, Gedanke, Farbe. — Ich kann mir keinen Theoristen, der Mensch ist, vorstellen, und sich die zwo Sachen auf Einem Grunde denkt.

Lasset uns einige andere Fragen sehen, die als Alterkationen zwischen beiden Künsten oft aufgeworfen, zum Theil schlecht beantwortet sind und sich aus unserm Gesichtspunkt sonnenklar ergeben.

Zwei=

Zweiter Abschnitt.

I.

Bildhauerkunst und Mahlerei, warum bekleiden sie nicht mit Einem Glücke, nicht auf Einerlei Art?

Antwort. Weil die Bildnerei eigentlich gar nicht bekleiden kann und die Mahlerei immer kleidet.

Die Bildnerei kann gar nicht bekleiden; denn offenbar verhüllet sie gleich unter dem Kleide, es ist nicht mehr ein menschlicher Körper, sondern ein langgekleideter Block. Kleid als Kleid kann sie nicht bilden, denn dies ist kein Solidum, kein Völliges, Rundes. Es ist nur Hülle unsres Körpers der Nothwendigkeit wegen, eine Wolke gleichsam die uns umgibt, ein Schatte, ein Schleier. Je mehr es in der Natur selbst drückend wird und dem Körper Wuchs, Gestalt, Gang, Kraft nimmt: desto mehr fühlen wir die fremde, unwesentliche Last. Und nun in der Kunst ist ein Gewand von Stein, Erz, Holz ja im höch=
sten

sten Grabe drückend! Es ist kein Schatte, kein Schleier, gar kein Gewand mehr: es ist ein Fels voll Erhöhung und Vertiefung, ein herabhangender Klumpe. Thue die Augen zu und taste, so wirst du das Unding fühlen.

In keinem Lande konnte daher die Bildnerei gedeihen, wo solche Steinklumpen nothwendig waren, wo der Künstler, statt schöner und edler Körper, Matratzen bilden muste. In Morgenlande, wo man aus sehr guten Gründen die Verhüllung des Körpers liebte, wo man ihn als Geheimniß betrachtete, von dem nur das Antlitz und seine Boten, Hände und Füße, sichtbar wären, in ihm war keine Bildnerei möglich, ja im jüdischen Lande gar nicht erlaubt. Bei den Aegyptern ging sie daher, Trotz des hohen Mechanischen der Kunst, einen ganz andern Weg, seitwärts ab vom Schönen. Bei den Römern konnte sie auch wegen der Toga und Tunica, Thorax und Paludament sich der Nation nie einverleiben, um höher zu steigen: sie blieb Griechisch, oder ging zurück. In der Geschichte der Mönche und Heiligen konnte sie keine Fortschritte thun, denn Mönch und Nonne waren verschleiert, der Künstler hatte statt Körper faltige Steindecken zu bilden. Sowohl der Spanischen als unsrer Tracht mag sich etwa die Mahlerei, aber wahrlich nicht die Bildsäule erfreuen. Wir haben die Spanische zur Ritter-Priester-

Priester- und Narrentracht gemacht; die unsre, mit Lappen und Flicken, Spitzen und Ecken, Schnitten und Taschen müste in Marmor ein wahres Göttergewand werden. Ein Held in seiner Uniform, allenfalls noch die Fahne in der Hand und den Hut auf ein Ohr gedrückt, so ganz in Stein gebildet, wahrlich das müste ein Held seyn! Der Künstler, der ihn machte, wäre wenigstens ein schöner Kommißschneider. Betaste die Statue in dunkler Nacht, du wirst an Form und Schönheit Wunderdinge in ihr fühlen.

Wie anders die Griechen! Sie, die gebohrnen Künstler des Schönen. Erzhüllen und Steindecken warfen sie ab, und bildeten, was gebildet werden konnte, schöne Körper. Apollo, vom Siege Pythons d), kam er unbekleidet? zerbrach der Künstler sich den Kopf, um doch hier einer Armseligkeit des Ueblichen treu zu bleiben? Nichts! er stellte den Gott, den Jüngling, den Ueberwinder mit seinen schönen Schenkeln, freier Brust und jungen Baumeswuchse nackt dar; die Last des Kleides wurde zurückgeschoben, wo sie am wenigsten verbarg, wo sie den Gang des Edlen nicht hindert, wo sie vielmehr seinem hochmüthigen Stande wohl thut und auch nur als die leichte Beute des Ueberwinders schwebet. Laokoon, der

---

d) Winkelmanns Gesch. der K. S. 392.

der Mann, der Priester, der Königsſohn, bei einem Opfer, vor dem verſammleten Volke, war er nackt? ſtand er unbekleidet da, als ihn die Schlangen umfielen? Wer denkt daran, wenn er jetzt den Laokoon der Kunſt ſiehet? wer ſoll daran denken? Wer an die vittas denken, ſanie, atroque cruore madentes, da die hier nichts thäten, als ſeine leidende Stirn voll Seufzen und Todtenkampfes zum prieſterlichen Steinpflaſter zu machen? wer an ein Opfergewand denken, das dieſe arbeitende Bruſt, dieſe giftgeſchwollenen Adern, dieſe ringenden und ſchon ermattenden Vaterhände zu todtem Fels ſchüffe? O der Pedanten des Ueblichen, des Wohlanſtändigen, des ſchönbeſchreibenden Virgils, die ja nur Prieſterfiguren im Holzmantel ſehen mögen! — und immer nur ſolche ſehen ſollten! —

Es war vom Griechen Sprüchwort, daß er lieber Fülle als Hülle gab, das iſt, ſchöne Fülle, denn ſonſt bekleidete er auch. Philoſophen, Cybelen, hundertjährige Matronen konnten immer bekleidet da ſtehn; auch wo es Gottesdienſt, und Zweck und Eindruck der Bildſäule foderte oder ertrug. Ein Philoſoph iſt ja nur immer Kopf=oder Bruſtbild: wenn er alſo auch nur, wie Zeno, ſein Haupt über der Steinhülle zeiget! er muß nicht, als Jüngling oder Fechter da ſtehn. Eine Niobe, dieſe unglückliche Mutter in Mitte ihrer unglück=

lichen

lichen Kinder, die hülflos um sie jammern und alle in ihren Schoos fliehen möchten, wie es die Jüngste thut — sie kniet weit= und reichbekleidet da, denn sie ist Mutter, und ihr Todesstarres, gen Himmel gewandtes Gesicht, sammt der Tochter in ihrem Schooße, ist Ausdruck genug, auf den der Künstler hier würkte und nicht auf kalte nackte Körperschönheit. Eine Juno Matrona unbekleidet, wäre dem entgegen, was sie ist, was sie selbst vor Paris war; Ehrfurcht soll sie einflößen, nicht Liebe. Das Haupt der Nymphen und Vestalinnen, die unsterblich schöne Diana, muß bekleidet seyn, wie es ihr Stand und Charakter gebietet, und die Kunst es zuläßt. Aber eine Gestalt der Schönheit, der Liebe, des Reizes, der Jugend, Bacchus und Apollo, Charis und Aphrodite, unter einem Mantel von Stein wäre Alles, was sie sind, was sie hier durch den Künstler seyn sollten, verschleiert und verlohren. Und man kann überhaupt den Grundsatz annehmen, „daß wo der Griechische Künstler „auf Bildung und Darstellung eines schönen Kör=
„pers ausgieng, wo ihm nichts Religiöses oder „Charakteristisches im Wege stand, wo seine Fi=
„gur ein freies Geschöpf der Muse, ein sub=
„stanzielles Kunstbild, kein Emblem, keine „historische Gruppe, sondern Bild der Schön=
„heit seyn sollte, da bekleidete er nie, da ent=
„hüllte

"hüllte er, was er Troß dem Ueblichen enthül-
"len konnte „.

Wir betrachten hier nicht, was dies Nackte auf die Sitten der Griechen für Einfluß hatte, denn mit solchen Sprüngen von einem Felde ins andere kommt man nicht weit. Nichts ist feinerer Natur, als Zucht und das Wohlanständige oder Aergerliche des Auges: es kommt dabey so viel auf Himmelsstrich, Kleidungsart, Spiele, frühe Gewohnheit und Erziehung, auf den Stand, den beyde Geschlechter gegen einander haben, insonderheit auf den Abgrund von Sonderbarkeiten an, den man Charakter der Nation nennt, daß die Untersuchung dessen ein eigenes Buch werden dürfte. Es konnte den Gothen, die aus Norden kamen, die würklich züchtiger und unter ihrem Himmelsstrich an dichtere Kleider gewöhnt waren, bey denen das weibliche Geschlecht zum männlichen überhaupt anders stand als bei den Griechen, und die überdem die Statuen unter einem verderbten Volke fanden, das vielleicht seinen Untergang mit von ihnen herhatte; ich sage, diesen Gothen konnte (auch ihre neue Religion unbetrachtet,) der Anblick der Statuen mit Recht sehr widrig seyn, daher die meisten auch so ein unglückliches Ende nahmen, ohne daß man deshalb von Gothen auf Griechen geradezu schließen müste. Wenn unter

ter uns dies nackte Reich der Statuen plötzlich auf Weg und Steg gepflanzet würde, wie einige neuere Schöndenker nicht undeutlich angerathen haben: so muß man von dem Eindruck, den sie da und dem Pöbel (dem Pöbel von und ohne Stande) insonderheit zuerst, machen würden, nicht so fort auf ein fremdes Volk ganz andrer Sitten und Erziehung schließen. Ueberhaupt ist züchtig seyn und geärgert werden, Tugend ausbreiten und die Kunst hassen, schrecklich verschieden, wie die Folge noch mehr zeigen wird. Hier ist auch diese Ausschweifung schon zu lang; wir reden hier von Kunst und von Griechen, nicht von Sitten und Deutschen. Ich fahre fort.

Wo auch der Grieche bekleiden muste, wo es ihm ein Gesetz auflegte, den schönen Körper, den er bilden wollte, und den die Kunst allein bilden kann und soll, hinter Lumpen zu verstecken; gabs kein Mittel, dem fremden Drucke zu entkommen, oder sich mit ihm abzufinden? zu bekleiden, daß doch nicht verhüllt würde? Gewand anzubringen, und der Körper doch seinen Wuchs, seine schöne runde Fülle behielte? Wie wenn er durchschiene? In der Bildnerei, bey einem Solido kann nichts durchscheinen: sie arbeitet für die Hand und nicht fürs Auge. Und siehe, eben für die Hand erfanden die feinen Griechen

chen Auskunft. Ist nur der tastende Finger betrogen, daß er Gewand und zugleich Körper taste; der fremde Richter, das Auge, muß folgen. Kurz, es sind der Griechen nasse Gewänder.

Es ist über sie so viel und so viel falsches gesagt, daß man sich fast mehr zu sagen scheuet. Jedermann wars auffallend, daß sie in der Bildhauerei so viel, in der Mahlerei keine Würkung thun. Und zugleich schienen sie so unnatürlich so unnatürlich und doch so wirksam? so wahr und schön in der Kunst, und in der Natur so häßlich? also schön und häßlich, wahr und falsch — wer giebt Auskunft? — Winkelmann sagt, daß sie nichts als Nachbildung der alten Griechischen Tracht in Leinwand seyn; ich weiß nicht, ob die Griechen je nasse, an der Haut klebende Leinwand getragen? und hier war eigentlich die Frage, warum sie der Künstler so kleben ließ und nicht trocknete? führen wir sein Werk, seine Kunst, auf ihren rechten Sinn zurück, so antwortet die Sache. Es war nehmlich einzige Auskunft, den tastenden Finger und das Auge, das jetzt nur als Finger tastet, zu betrügen: ihm ein Kleid zu geben, das doch nur gleichsam ein Kleid sei, Wolke, Schleier, Nebel — doch nein, nicht Wolke und Nebel, denn das Auge hat hier nichts zu nebeln; nasses Gewand

Gewand gab er ihm, das der Finger durch=
fühle! Das Wesen seiner Kunst blieb der schlan=
ke Leib, das runde Knie, die weiche Hüfte,
die Traube der jugendlichen Brust, und dem
äußern Erfordernisse kam man doch auch nach.
Es war gleichsam ein Kleid, wie die Götter
Homers gleichsam Blut haben; die Fülle des
Körpers, die kein Gleichsam, die Wesen der
Kunst ist, war und blieb Hauptwerk.

Ganz anders verhält sichs mit der Mahle=
rei, die, wie gesagt worden, nichts als Kleid
ist, das ist, schöne Hülle, Zauberei mit Licht
und Farben zur schönen Ansicht. Sie würkt
auf Fläche und kann nichts als Oberfläche ge=
ben; zu der gehören auch Kleider. Für unser
Auge sind diese die täglichen Erscheinungen der
Wahrheit, des Ueblichen, der Pracht, der
Zierde. Eben der Farbe, des Putzes, des schö=
nen Anscheins wegen werden sie oft gewählt und
gemustert, sind der schauenden schönen Welt so
viel mehr als Bedürfniß — warum sollten sies
nicht auch der schauenden schönen Kunst seyn?
Mahlerei kann Kleid, als das edelste, was es
ist, bearbeiten, als ein gebrochenes Licht, ein
Zauberduft fürs Auge, der alles erhöhet, als
Nebel und schöne Farbe; warum sollte sies also

C 3 nicht

nicht thun? Warum müſte ſie den Vorzug ihres Sinnes dem Mangel eines fremden Sinnes auf= opfern, mit dem ſie nichts gemein hat? Würde unter den Händen des Bildners ein Kleid das, was es unter ihren Händen, unter dem Zauber= finger des Lichts iſt, ſo wäre er Thor, wenn ers nicht brauchte.

Es ſind alſo ungemein feine Köpfe, die der Mahlerei die nackten Fleiſchmaſſen und wohl gar die naſſen Gewänder anrathen, weil ſie damit ihrer ältern lieben Schweſter, Bildhauerkunſt, näher komme, und wohl gar antikiſch würde. Nackt und ſteif und häßlich kann ſie freilich damit werden, ohne ein Gutes zu erbeuten, was ihre ältere Schweſter mit Naktheit und Näſſe erreichet. Das Bedürfniß einer fremden Kunſt zum Weſen der Seinigen zu machen und darüber die Vor= theile der Seinigen verlieren — ſo etwas kommt meiſtens aus dem lieben Modeln und Vergleichen. Jüngſte Gerichte voll Fleiſch, wie Heu; und Dianenbäder wie Fleiſchmärkte! Nichts iſt lä= cherlicher, als Statuen aufs Brett zu kleben, und da Kleider gar zu netzen, wo alles blühn und duften ſoll.

„Aber die alten großen Mahler ahmten doch „Bildſäulen nach: von Raphael hat man ja ſo „manche Mährchen, daß er,„ — das ahmten
ſie

sie aber nicht nach, was nicht aufs Brett gehört, ohne daß es dadurch dreimal Brett wurde. Eben jene alte große Mahler, welch großes Gefühl hatten sie vom Wurf der Kleider! wie eben hier die Mahlerei in ihrem Zauberlande des schönen Truges, in der Werkstäte ihrer Allmacht mit Licht und Farbe sei. Daß dieses Kleid rausche und jenes dufte und schwebe; daß man hier in die Falten des Gewandes greift und glaubt, da es doch nur Fläche ist, so tief zu greifen: daß diese Farbe, dieser Grund jene Figuren so himmlisch mache, so höhe und hebe; jener Wurf, jener Wechsel dem Ganzen Lieblichkeit, Anmuth, Mannichfaltigkeit gewähre — was ich hier so allgemein, so unbestimmt sage, welcher Liebhaber, welcher Meister hats nicht in tausend einzelnen Fällen, mit tausend Kunstgriffen und Meisterzügen erprobet? Mahlerei ist Repräsentation, eine Zauberwelt mit Licht und Farben fürs Auge; dem Sinne muß sie folgen, und was ihr der Sinn für Zauberstäbe gewährt, darf sie nicht wegwerfen.

Selbst im Reizbaren zur Verführung ist das Nackte in beiden Künsten gar nicht dasselbe. Eine Statue steht ganz da, unter freiem Himmel, gleichsam im Paradiese: Nachbild eines schönen Geschöpfs Gottes und um sie ist Unschuld. Winkelmann sagt recht, daß der Spanier ein Vieh gewe-

gewesen seyn muß, den die Statue jener Tugend zu Rom lüstete, die nun die Decke trägt; die reinen und schönen Formen dieser Kunst können wohl Freundschaft, Liebe, tägliche Sprache, nur beym Vieh aber Wollust stiften. — Mit dem Zauber der Mahlerei ists anders. Da sie nicht körperliche Darstellung, sondern nur Schilderung, Phantasie, Repräsentation ist, so öfnet sie auch der Phantasie ein weites Feld und lockt sie in ihre gefärbte, duftende Wollustgärten. Die kranken Schlemmer aller Zeiten füllten ihre Kabinette der Wollust immer lieber mit unzüchtigen Gemählden als Bildsäulen: denn in diesen, selbst in schlummernden Hermaphroditen, ist eigentlich keine Unzucht. Die Chärcen alt und neu, erbauen sich lieber an Gemählden des Schwans mit der Leda, als an ganzen Vorstellungen desselben. Die Phantasie will nur Duft, Schein, lockende Farbe haben; mit der treuen Natur der ganzen Wahrheit sind ihr die Flügel gebunden, es stehet zu wahr da. Die Bildsäule bleibt immer nackt stehen, aber die schöne Danae von Titian muß weislich ein Vorhängchen decken: es ist die Zaubertafel für einen verdorbenen Sinn, der, verlockt, gar keine Grenzen kennet.

Auch hieraus ergiebt sich, warum die Neuen den Alten in schöner Form weiter nachbleiben, als

als im schönen Anschein. Schöner Anschein kann manches werden, was gerade nicht schöne Form und die tiefgefühlte, treue, nackte Wahrheit ist: zu dieser zu gelangen sind unstreitig jetzo viel weniger Mittel als voraus. Winkelmann hats unverbesserlich gesagt, was unter dem schönen Griechischen Himmel, in ihrer Frei- und Fröhlichkeit von Jugend auf, bei ihren unverhülleten Tänzen, Kampf- und Wettspielen das Auge des Künstlers gewann. Nur die Formen können wir treu, ganz, wahr, lebendig geben, die sich uns also mittheilen, die durch den lebendigen Sinn in uns leben. Es ist bekannt, daß einige der größten neuern Mahler nur immer ihre geliebte Tochter, oder ihr Weib schilderten, unstreitig, weil sie nichts anders in Seele und Sinnen besaßen. Raphael war reich an lebendigen Gestalten, weil seine Neigung, sein warmes Herz ihn hinriß und alle diese, erfühlt und genossen, sein eigen waren. Er gerieth dabei auf Abwege endete sich sein unersetzliches Leben — und manche Trödelköpfe können es gar nicht begreifen, wie der himmlische Raphael irrdische Mädchen geliebt habe? bekam er von ihnen nicht seine Umrisse, seine warmen lebendigen Formen; vom Himmel und kalten Statuen allein würde er sie nicht bekommen haben. Und doch war Raphael noch kein Praxiteles, kein Lisyppus, der ohne Zweifel diese Formen so ursprünglich erkennen muste, als Bildhauerei nicht schildert, sondern schafft und darstellt. So lange also nicht das Griechische Zeitalter der Knaben= und Mädchenliebe in seiner offnen Jugendunschuld, als Spiel und Freude zurückkehrt: so lange der Künstler steife Modelle von Fischbeinröcken und Schnürbrüsten sieht, und ja nichts weiter; so ists nur Thorheit, Griechische Bildkunst erwarten oder hervorbringen zu wollen. Sein Sinn versagt ihm; soll er Engelsformen, Apollos= und Hourisgestalten aus der Luft greifen? daher gegriffen sind sie Schaumblasen, die zergehen, ehe er sie der Hand, vielweniger dem Stein einverleibet. Mit einem großen Theil der Mahlerei, freilich nicht mit dem, der auch schöne Formen enthält und als lebendiger Traum zunächst an jene wachende Wahrheit gränzet, ists anders *).

2. Warum

---

*) Ein neuer, sehr denkender Künstler, Falconet, hat manches für die reiche und (kurz zu sagen) mahlerische Bekleidung der Bildsäulen gesagt, was in unsern Zeiten, da den meisten Anschauenden die Bildnerkunst selbst nur Mahlerei ist, wahr seyn kann; mich dünkt indessen, es gelte nur als Ausnahme und Hülfe, weil wir zur nackten Fülle der Alten nicht mehr kommen können, und uns also diesen Mangel durch den Wurf der Kleider ersetzen mögen, die in der Bildnerei doch nie mehr Kleider sind.

2.

Warum wird die Bildsäule durch Färbung nach der Natur und ähnliche Anwürfe nicht schön, sondern häßlich? da doch in der Mahlerei Farbe so große Würkung thut.

Antwort. Weil Farbe nicht Form ist, weil sie also dem verschloßnen Auge und tastenden Sinne nicht merkbar wird, oder merkbar sogleich die schöne Form hindert. Sie ist Sandkorn, Tünche, fremder Anwuchs, worauf wir stoßen, und der uns vom reinen Gefühl dessen, was die Natur seyn sollte, wegzeucht.

Die obengesetzte und oft aufgeworfene Frage ist bisher meistens anders beantwortet worden: „durch Farbe werde die Aehnlichkeit zu „groß, die Aehnlichkeit zu ähnlich, gar identisch „mit der Natur, das sie nicht seyn soll. Man „könne die bemahlte Statue in der Entfernung gar „für einen lebendigen Menschen halten, darauf „zugehen, u. d. g.„. Wer von diesen Ursachen etwas versteht, oder sich mit ihnen befriedigen kann, dem beneide ich seine Zufriedenheit nicht.

Man

Man hat ebenmäßig gefraget: „ob Myrons „Kuh mehr gefallen würde, wenn man sie mit Haaren bekleidete„? und es scharfsinnig verneinet, weil sie sodann einer Kuh zu ähnlich wäre. Kuh einer Kuh zu ähnlich? das ist Kuh, aber zu sehr Kuh? ich antworte gerade hin, weil sie sodann für die Kunst gar nicht mehr Kuh, sondern ein ausgestopfter Haarbalg wäre. Schleuß das Auge und fühle: da ist weder Form noch Gestalt mehr, geschweige schöne Form, schöne Gestalt. Wenn dort der Hirte, Myrons eherne Kuh wegtreiben wollte, so wird diese weder Hirte noch Künstler berühren, denn sie ist „einer „Kuh gar zu ähnlich und doch nicht Kuh,„ das ist, Popanz.

Viel feinere Sachen, als Tünche und Kuhhaut müssen von der Statue wegbleiben, weil sie dem Gefühl widerstehen, weil sie dem tastenden Sinn keine ununterbrochene schöne Form sind. Diese Adern an Händen, diese Knorpel an Fingern, diese Knöchel an Knien müssen so geschont, und in Fülle des Ganzen verkleidet werden; oder die Adern sind kriechende Würme, die Knorpel aufliegende Gewächse dem stillen dunkeltastenden Gefühl. Nicht ganze Fülle Eines Körpers mehr, sondern Abtrennungen, losgelöste Stücke des Körpers, die seine Zerstörung weissagen, und sich eben daher schon selbst entfernten.

fernten. Dem Auge sind die blauen Adern unter der Haut nur sichtbar: sie duften Leben, da wallet Blut; als Knorpel und Knochen sind sie uns fühlbar und haben kein Blut und duften kein Leben mehr, in ihnen schleicht der lebendige Tod. —— Ganz anders, wie sich die Adern der Bildsäule beleben, wenn sie unter den Händen des Künstlers und Liebhabers weicher, lebendiger Thon wird. Es ist, als regten sie sich und wallen und leben, aber nicht in aufgelaufenen Stricken; ein himmlischer Geist, sagt Winkelmann, der sich wie ein sanfter Strom ergossen, hat den Umfang der Gestalt erfüllet. Alles also lebet, und der ruhige Sinn in seiner dunkeln Umschränktheit kann, je weniger er losgebunden und zertheilt fühlet, so mehr im großen Ganzen ahnden.

Die alten Künstler sind in Bildung der Haare sehr berühmt und gepriesen; mehr aber von Künstlern und Literatoren gepriesen als von Theoristen verstanden. Wo und wie haben sie Haare gebildet? wo und wie sie sich bilden und auch vom Blinden als Zierde der schönen Form tasten ließen. Das zierende Haupthaar der Götter und Göttinnen (denn ein kahlköpfiger Römer ist immer ein dürftiges überaltes Geschöpf) machten sie zum Körper, ohne daß es Steinklumpe würde: es fällt in schönen schweren Locken herab, oder ist bey Weibern, wo es zarter

ter seyn muste, aufs Haupt gebunden und nicht um den Kopf fliegend. Keiner Bacchante flatterts, denn es kann ja nicht flattern: dem schnellgehenden zornigen Apollo ists „wie die zarten und „flüßigen Schlingen edler Weinreben, gleichsam „von einer sanften Luft bewegt, das Haupt um„spielend„,. Bey andern liegts wie eine schöne Decke (εξυσια) hinauf, bei andern in tiefen Furchen hinunter. Nie aber fährts, wie einer gemahlten Eva, langelang hinunter, der Gestalt den Rücken zu rauben, und selbst bei einer Aphrodite aus Muschel oder Bade, fällets, obwohl naß und Klettenweise, doch wohlgeordnet und nicht waldicht hinab: denn dem Gefühl müssen die Haare nie Wald, sondern sanfte, nachgebende Masse werden, die sich endlich selbst verliert. Der Mahlerei sind sie Farbe, Schatte, Schattierung, die kann sie schon freier ordnen. —

Es ist bekannt, mit welcher Feinheit die Griechischen Künstler die Augenbranen ihrer Statuen angedeutet haben; angedeutet, in einem feinen, scharfen Faden, und nicht in abgetrennten Haaren oder Haarklümpgen gebildet. Winkelmann hält diese Andeutung für Augenbranen der Gratien und ich halte sie auch dafür — in der Kunst nehmlich. In der Natur ist der nackte, scharfe Faden ganz etwas anders, und auch Griechische Natur war und ists nicht, wie

kein

kein Reisebeschreiber berichtet oder gesagt hat. Gnug, in der Kunst sind sie Augenbranen der Gratien, dem sanften stillen Gefühl. Was sollten da die Büsche (Stupori) oder die sich sträubenden Bogen? Wer hat nicht gesehen, wie bey abgenommenen ersten Gipsabdrücken eines Gesichts jedes einzelne Haar so widrig und unsanft thut, als jede Pockengrube oder jede fatale Unebenheit und Lostrennung vom Antlitz. Die einzelnen Härchen schauern uns durch, es ist wie eine Scharte im Messer, nur etwas was die Form hindert und nicht zu ihr gehört. Der Griechische Künstler deutet also nur an: er satzte fürs Gefühl die Grenze zwischen Stirn und Auge, wie eine sanfte Schneide hin, und ließ dem Sinn, der darüber gleitet, das Uebrige ahnden.

Einige Statuen haben Augapfel. Wo es erträglich seyn soll, muß er nur angedeutet seyn, und die meisten und besten haben keinen. Es war schlimmer Geschmack der letzten Jahrhunderte, da man, statt schön zu machen, reich machte und Glas oder Silber hineinsetzte. Eben so wars Jugend der Kunst, die noch aus hölzernen Denkmalen hervorging, da man die Statuen färbte. In den schönsten Zeiten brauchten sie weder Röcke noch Farben, weder Augapfel noch Silber, die Kunst stand, wie Venus, nackt da und das war ihr Schmuck und Reichthum.

Daß

Daß für die Mahlerei dies alles anders sei, sieht jeder. Die ist fürs Auge und spricht fürs Auge: denn Farbe ist nur der getheilte Lichtstral, die Augensprache. In ihr kann das Haar schweben und duften, und wie Seide spielen und schlingen und sich umwinden. Die Werke der Mahlerei sind nicht blind, sie schauen und sprechen: das allgegenwärtige Licht kann Einen hellen Punkt zum Auge, das in die Seele geht, beleben; es ist ja Farben = Zauber = und Lichttafel.

3.

Wie weit kann die Bildnerei Häßlichkeiten bilden? und die Mahlerei Häßlichkeiten mahlen?

Antwort. So weit jeder Kunst es ihr Sinn erlaubet, das Gesicht dem Gemählde, dem Bilde das Gefühl. Beide aber stehn mit nichten auf Einem Grunde.

Jener Mahler, der einen verwesenden Leichnam so hinzauberte, daß, nicht wie in Poußins Gemählde, der Zuschauer auf der Tafel, sondern jeder leibhafte Zuschauer selbst, sich

sich die Nase zuhalten muste, (wenn anders das Mährchen wahr ist) war gewiß ein ekler Mahler. Der Bildner aber, der einen Leichnam, die abscheuliche Speise der Würmer, unserm Gefühl also grausend vorbildete, daß dies in uns übergienge, uns zerrisse und mit Eiter und Abscheu salbte — ich weiß für den Henker unsres Vergnügens keinen Namen. Dort kann ich mein Auge wegwenden und mich an andern Gegenständen erholen; hier soll ich mich blind und langsam durchtasten, daß alle mein Fleisch und Gebein sich zernagt fühlet, und der Tod durch meine Nerven schauert! —

Aristoteles entschuldigt häßliche Vorstellungen in der Kunst durch „die Neigung unsrer „Seele sich Ideen zu erwecken und an der Nach=„ahmung zu vergnügen„; wo beydes geschehen kann, und wo das Vergnügen dieser Ideenerwerbung das Gefühl der Häßlichkeit übergeht, mag die Entschuldigung gelten. Nun aber wissen wir alle, das Gefühl ist zu dieser betrachtenden Contemplation und Ideenweckung der dunkelste, langsamste, trägste Sinn; da er doch im Empfinden der schönen Form der Erste und Richter seyn muß. Er, Ideen und Nachahmung vergessend, fühlt nur, was er fühlt; dies regt seine innere Sympathie dunkel aber um so tiefer. Eine zerstörte, häßliche, mißgebildete Gestalt,

D   der

der zerfleischte Itis, ein Hippolytus auf Euripides Bühne, Medea in allen Verzerrungen ihrer Wuth, Philoktet in den ärgsten Zuckungen seiner Krankheit, gar ein Sterbender im Todeskampf, ein Verwesender im Kampf mit den Würmern — grausende Objecte für die langsame fühlende Hand, die statt Ideen Abscheu und statt Nachahmung dessen, was ist, schreckliche Zerrüttung dessen, was nicht mehr ist, wahrnimmt. Grausame Kunst! gebildete Mißbildung! Wenn der heil. Bartholomäus da halbgeschunden, mit hangender Haut und zerfleischtem Körper vor mich tritt, und mir zuruft: non me Praxiteles, sed Marcus finxit Agrati! und ich soll seine schrecklich natürliche Unnatur durchtasten, durchfühlen; — grausamer Gegenstand, schweig' und weiche! Kein Praxiteles bildete dich, denn er würde dich nie haben bilden wollen. Dich, wie du bist, aus dem Steine hervorzufühlen, hervorzuschinden, welcher Grieche würde das vermocht haben? —

Nur sieht jedweder, daß, was von der Bildhauerei gilt, nicht sofort von Mahlerei und von allen schönen Künsten, selbst wenns nur Gemmen und Münzen wären, statt habe. Einige neue ekle Herren haben über diese so unterschiedene Dinge aus einem Topfe das Loos geschüttet, und zu Häßlichkeiten gezählt, was weder Gott

noch

noch Menschen dafür erkennen, was ihnen in ihrer Vornehmheit nur diesmal so dünkte. Löwe und Tiger, Schlange und Eidere, Nilpferd und Crocodil, sind sie deswegen häßlich, weil sie schrecklich sind, weil sie uns Grausen oder Furcht erregen? der Löwe, welch ein schönes Thier ist er, auch in der Kunst des Bildners! die Schlange, wie sanft windet sie sich den Stab Aesculaps hinauf, und die Schildkröte, ist sie ein unwürdiges Fußgestell für Gott oder Göttin, da ja selbst der Panzer der Minerva Furcht und Schrecken, Schlangen und Medusen darstellt? Niemand wirds in den Sinn kommen, solche Geschöpfe für das Hauptwerk der Kunst zu halten: der Mensch thront auf ihrem Altar, ihm ist die Bildsäule heilig. Aber nun, als Beigeräth, als Nebenwerk, als Fußschemel, welcher Thor darf da verbieten und untersagen, weil das Geschöpf Gottes ihm häßlich dünkt und er sich für der Spinne fürchtet? Wie manches edle Pferd hat mehr die Statue verdient, als sein Reuter! auch hat Pindar ihm oft und ja unser Herr Gott selbst ihm die prächtigste Ehrensäule gestellet e). Allerdings hat jedes Thier, von je schönerer, unabgebrochener Form es ist, je mehr es sich schlingt und windet, je näher es endlich Göttern und Menschen kommt, und zu ihren Füßen dienet,

auch

---

e) Hiob 39, 19=25.

auch so mehr Unrecht auf Bildung von menschlichen Händen; aber das versteht sich von selbst, und ein treuer Hund, ein schönes Pferd wird ohne Zweifel lieber und mehr gebildet werden, als ein gepanzertes Nilpferd oder der Knochenberg vom Elephanten. Ihrer Natur nach und an ihrer Stelle ist aber die Eidere so unhäßlich als Leda's Schwan oder der Delphin, der sich um den Fuß der Meeresgöttin schmieget. —

Auch hier unterschieden die Begriffe der Alten feiner und wahrer. Ein Centaur, ein Minotaur, warum sollte er nicht gebildet werden? Siehe, wie schöne Ueberschriften die Griechische Anthologie auf beide liefert, wie mächtig schön ihr der Mensch aus dem Pferde hervorgeht und der Mensch sich mit dem Pferde bäumiet ƒ)! Silenen, Faunen, Satyrs, — wir eckeln Neuern nennen sie häßliche Mißgeburten, weil sie keine Apollos sind; die Alten nicht also. Ihnen war hier das Schwänzchen, dort der Bocksfuß, hier das Hörnchen nicht eckel, wenn das Bild nur da stand, wohin es gehörte; uns Neuern soll alles Altarblatt im Tempel der heiligen Theoria werden. Selbst das Caledonische Schwein war gut und verdiente eine Inschrift, wenn es war, was es seyn sollte. —

Wo

ƒ) Anthol. l. IV. c. 7.

Wo die Alten Häßlichkeit vermieden, war, wo sie vermieden werden muß, in Menschlichen zumal Göttlichen Körpern. Da haben Lessing g) und Winkelmann h) es gnug erwiesen, wie sie auch in Affekt, im Leiden, im Mißtone so viel möglich, die Mißform vermieden. Sie wählten den besten Augenblick, stimmten das Höchste zum Sanften hinunter; oder mischten ein Frembes als Linderung in die Züge. So Medea, Niobe, Laokoon. Philoktet hinkte, aber noch ein Held, der auch also gesehen zu werden verdiente. Alexanders schiefen Hals wandte Lisyppus, daß er nach dem Himmel sah und sich als Herren der Welt fühlte. Die Nachahmung εις το χειρον war bei Strafe verboten. Der Sieger mußte dreymal gesiegt haben, wenn ihm die Ikonische Statue erlaubt war; eine veredelte war ihm erlaubt beym ersten Siege. Mich dünkt, dies waren die besten Wege und die besten Schranken, Häßlichkeit der Formen zu vermeiden: eine Häßlichkeit, die leicht vermieden werden kann, weil sie hervorzubringen, hervorzufühlen Mühe kostet, die aber auch, wenn sie da ist, ewig bleibt, sich als Natur, als dargestellte Wahrheit unvermerkt eindrückt, und Geschlechterhinab Unheil anrichtet. Was Häßlichkeit in For=

---

g) Laokoon: S. 9. u. f.
h) Gesch. d. Kunst S. 142. u. f.

Formen für Würkung thue und selbst lesend uns Nervenbau und Gehirn zerreiße, versuche man an der Beschreibung des angenehmsten Reisebeschreibers von Sicilien *), in der er den Zauberpallast des wahnsinnigsten menschlicher Dämone mittheilt. —

Es wäre hart, ein Gesetz, das sich offenbar nur und zuerst auf Form, ganze leibhafte Form beziehet, so fort auf jeden Anschein, Schatten und Farbenwinkel einer andern Kunst auszubreiten, die nichts von Form weiß. Mahlerei ist eine Zaubertafel, so groß, als die Welt und die Geschichte, in der gewiß nicht jede Figur eine Bildsäule seyn kann oder seyn soll. Auch ich liebe das Schöne mehr als das Häßliche, und mag Verzerrungen so wenig auf Tafel als in Gestalt täglich vor den Augen haben; indessen sehe ich doch ein, daß eine zu große Zärtlichkeit, ein zu vornehmer Abscheu uns endlich die Welt so enge macht, als unser Zimmer und die neuesten, tiefsten Quellen der Wahrheit, der Rege, der Kraft, zuletzt zur elenden Pfütze austrocknet. Im Gemählde ist keine einzelne Person Alles: sind sie nun alle gleich schön, so ist keine mehr schön. Es wird ein mattes Einerley langschenklichter, geradnäsiger, sogenannter Griechischen Figuren, die

*) Brydone.

die alle daſtehn und paradiren, an der Handlung so wenig Antheil nehmen als möglich, und uns in wenigen Tagen und Stunden so leer ſind, daß man in Jahren keine Larven der Art ſehen mag. Ich gebe es gern zu, daß es beſſer ſei, wenn Gott die Hauptperſon oder Hauptperſonen des Gemähldes ſchön, als wenn er ſie häßlich gemacht hat; aber nun auch jede Nebenperſon? jeden Engel, der im Winkel oder hinter der Thür ſteckt? Und nun, wenn dieſe Lüge von Schönheit ſogleich der ganzen Vorſtellung, der Geſchichte, dem Charakter der Handlung Hohn ſpricht, und dieſe jene offenbar als Lüge zeihet? Da wird ein Mißton, ein Unleidliches vom Ganzen im Gemähl= de, das zwar der Antikennarr nicht gewahr wird, aber der Freund der Antike um ſo weher fühlet. Und endlich wird uns ja ganz unſre Zeit, die fruchtbarſten Sujets der Geſchichte, die leben= digſten Charaktere, alles Gefühl von einzelner Wahrheit und Beſtimmtheit hinwegantikiſiret. Die Nachwelt wird an ſolchen Schöngeiſtereien von Werk und Theorie ſtehen und ſtaunen und wiſſen nicht, wie uns war? zu welcher Zeit wir lebten? und was uns denn auf den erbärmlichen Wahn brachte, zu einer andern Zeit, unter ei= nem andern Volk und Himmelsſtrich leben zu wol= len, und dabei die ganze Tafel der Natur und Geſchichte aufzugeben oder jämmerlich zu ver=

D 4   der=

derben. So viel vom großen Gesetz der häß=
lichen Schönheit in einer Kunst, die Phan=
tasie des Augenscheins und eine Tafel der
Welt ist.

4.

Wie weit sind die Formen der Skulptur
oder die Gestalten der Mahlerei einförmig
und ewig, oder den Modebegriffen ver=
schiedener Zeiten und Völker un=
terworfen und mit ihnen
wandelnd?

Antwort. Die Formen der Skulptur sind so
einförmig und ewig, als die einfache reine
Menschennatur; die Gestalten der Mahle=
rei, die eine Tafel der Zeit sind, wechseln
ab mit Geschichte, Menschenart und
Zeiten.

Wenn ein ganzes Land gespitzte Schnürleiber
und kleine Sinesische Füße für schön hielt,
vor ihnen auf Ruhebetten und Sopha's, wie
vor Altären des Reizes kniete; setzet die Füße
als Bildsäule aufs Postement, und wenn ihr
wollet, die engen Schuhe und Stelzenabsätze
drun=

drunter, und es darf kein Wort mehr über sie gesagt werden: sie sprechen selbst. Und die spitze Schnürbrust und der heraufgezwängte Busen und der thurmhohe Kopfputz und der breite Zeltenrock desgleichen. Im gemeinen Leben kann Einiges von diesen und wenn ihr wollt Alles, durch Nebenbegriffe, durch frühe und alte oder neue Gewohnheit gewinnen. Das kleine Gesicht kann unter dem hohen Kopfputz, der Busen über dem Trichter vom Leibe, der kleine Fuß unter dem breiten Zelt wohl thun, das ist, wie der große Montesquieu sagt, die Imagination aufwecken, daß sie herab- oder herabschlüpfe, was doch von allen sehr oft Zweck und Absicht allein ist. Nun stellet aber die ganze Figur mit Thurm, Zelt und umgekehrtem Kegel als Bildsäule dahin, und die Imagination schlüpft wahrlich nicht mehr. Es ist ein häßliches Unthier von Lüsternheit und Gothischem Zwange, das den Leib verunstaltet und alle gute Formen vernichtet. Hat die Gestalt noch Rest von Gefühl, wie wird sie sich die grobe Taille oder den plumpen Silberfuß einer Griechischen Ceres oder Thetis wünschen!

Die Bildsäule steht also als Muster der Wohlform da, und auch in diesem Betracht ist Polyklets Regel das bleibendste Gesetz eines menschlichen Gesetzgebers. So wie es einen Strich auf der Erde giebt, in dem die schöne regelmäßige Bildung Natur ist: so gab Gott. Einem Volk dieses Erdstrichs Raum und Zeit und Muße, in ihrer Jugend und Lebensfreude das Werk, das aus seiner Hand kam, ganz und rein und schön sich zu ertasten und in daurenden Denkmahlen für alle Zeiten und Völker zu bilden. Diese Denkmahle sind die klassischen Werke ihrer fühlenden Hand, wie ihre Schriften des feinfühlenden menschlichen Geistes: im stürmigen Meer der Zeiten stehn sie als Leuchtthürme da und der Schiffer, der nach ihnen steuret, wird nie verschlagen. Es ist traurig und ewig unersetzlich, aber vielleicht gut, daß die Barbaren viel von ihnen zerstöret haben. Die Menge könnte uns irre machen und unterdrücken, so wie in der Stadt, die noch jetzt die meisten besitzt, es vielleicht den wenigsten Geist giebt, der, ihrer werth, sie umfange und verneue. Auch sollen sie nur Freunde seyn und nicht Gebieter: nicht unterjochen, sondern, was auch ihr Name sagt, Vorbild seyn, uns die Wahrheit alter Zeiten leibhaft darstellen und uns in Uebereinstimmung und Abweichung auf die Lebensgestalten der Unsern weisen.

Zu bewundern ist daher auch die große Einfachheit, mit der sie dastehn und selbst dem dunkelsten Sinne zeugen. Nichts ist ungewiß für ihn gelassen, nichts verworren oder verstümmelt.

Keine

Keine widrigen Attribute, keine Binde z. E. um den Mund, da der tastende Sinn statt Mundes ein Maultuch findet, keine Hunds- und Hirschköpfe, als Allegorien und Embleme, selbst die nothwendigsten Attribute so abgetrennet und abgesetzt, als möglich. Herkules löwenhaut ist nicht um ihn, höchstens um seinen Arm geschlungen, oder Er selbst statt Löwenfelles und Löwens. Die Göttin der Liebe ohne drückende Attribute: sie selbst ist Göttin der Liebe, in nackte Reize gekleidet. Den Laokoon haben die Drachen umschlungen, aber nicht wie's Virgil beschreibet, daß er um Hals und Brust und Bein dreimal umwunden, dem Gefühl des Nichtsehenden mit ihnen zusammengewachsen, ein grauser Menschen- und Schlangenkörper erscheine. Er strebt nur mit Füßen und Händen und auch von diesen ist sein linker Arm frei und fasset den Drachen. So Er und seine Kinder: Vater und Sie sind Ein Geschlecht, die Drachen sind ihre Feinde, die sie jetzt nur alle zu Einem binden. — Auch an kleinen Theilen des Körpers (meistens verstümmelt oder gar nicht zu uns gekommen), sind die Attribute abgesetzt, bestimmt und deutlich. Die Gestalt der Götter und Göttinnen war den alten Künstlern so bestimmt, daß keine Attribute nöthig waren, uud außer ihnen war den Bildsäulen meistens nur die älteste Heldenden= und Fabelgeschichte, insonderheit nach Homer, heilig; das Uebrige mußte Sage und Zuschrift ausrichten. Kurz, sie gaben Umriß, Gestalt und Charakter so bestimmt und in so wenigen Zügen an, daß es nur wie ein Sternkreis von Göttern und Menschen seyn sollte, den die schreitende Sonne Jahrab Jahrein durchwandert. Heil euch, ihr Edeln, die diese Ruhestäten und Herbergen an die Veste des Firmaments Menschlicher Formen setzten: eure Asche ruhe sanft und eure Werke bleiben! —

Es wäre übel, wenn es sich mit der Mahlerei so einförmig verhielte, denn hier ist nichts zu fassen und zu halten, sie ist die ganze Zauberwelt Gottes auf der Lichttafel. Nichts als das Licht macht ihre Einheit, aber große, unaussprechliche Wundereinheit, bei allem Zauber des Neuen und Mannichfalten. Die Bildsäule hat kein Licht: sie steht sich unaufhörlich selbst im Licht, sie ist für einen andern umfassenden Sinn gearbeitet. Von Einem Lichtpunkt der flachen Tafel ergießt sich ein Zaubermeer von allen Seiten, das jeden Gegenstand, wie in neuer, eigner Schöpfung bindet. Ich weiß nicht, wie manche Theoristen so verächtlich und zufällig von dem, was Haltung, Lichtdunkel heißt, haben sprechen können; es ist die Handhabe vom Genie eines jeden Schülers und Meisters; das

Auge,

Auge, mit dem er sah, das Stralen = und Seelenmeer, mit dem er alles begoß, und von dem ja auch jeder Umriß, jedes gepriesene Angesicht abhängt. Wer für dies geistige Lichtmeer der Gottheit durch eines Menschen Antlitz in Gemählde oder Zeichnungen keinen Sinn hat, der lasse sein Kind sich Farben klecken und schaue. Dies Eine, das Lichtorgan Gottes, die Zauberwelt der Haltung ist in der Mahlerei, obwohl nach jedes neuen Meisters Sinne, bleibend; das andre, sofern es nicht von der fixen Bildhauerkunst und also von Todten borget, ist eine Zaubertafel auch in der Verwandlung, ein Meer von Wellen, Geschichten und Gestalten, wo Eine die Andre ablöst. So muß es auch seyn und nur der Geist des Künstlers und das Organ des ewigen Schöpfers bleibe! —

Dritter Abschnitt.

Es ist ein angenommener Satz unter den Theoristen der schönen Künste, daß nur die beiden feinern Sinne uns Ideen des Schönen gewähren, daß es also auch nur für sie, für Auge und Ohr, schöne Künste gebe. Der Satz ist demonstrirt, folglich muß er wahr seyn, und da aus ihm so viel andre Sätze demonstrirt sind, und das Kartenhäuschen der Theorie aller schönen Künste und Wissenschaft doch so wohlbestallt dasteht, „durch die Stäbe der Schreiber gemessen und geordnet": *k*) so soll mein Stab ihnen mindstens nicht näher kommen, als der Bildsäule, die ich betrachte, Raum zu stehen Noth ist.

Mich dünkt, P. Kastells Farbenklavier hat gnug gezeigt, was eine schöne Kunst von Farben fürs Gesicht sei und was sie für Würkung thue? Es sind viel falsche oder Halbgründe angeführt, warum diese Kunst nicht gelang? der wahre, mindstens der natürlichste ist der, daß das Gesicht ohne Beitrag wesentlicherer Sinne nur eine Licht- und Farbentafel, mithin das flachste Gedanken-

---

k) Richt. 5, 14. 4 Mos. 21, 18.

dankenloseste Vergnügen gewähre. Ein Schaugeschöpf ohne Hände, ohne Gefühl von Formen und was sich durch Formen äußert, kurz ein Vogelkopf kann sich daran erbauen; niemand anders. Auch in der Mahlerei müssen Formen der Dinge die Grundzüge, die Substanz der Kunst werden; nur wie sie das Licht zeigt, bindet und bestralet. Da nun Formen aus einem andern Sinn sind, so muß ja dieser Sinn auch empfängig seyn der Begriffe des Schönen; weil ja selbst der hellste Sinn ohn ihn nichts vermag. Das Auge ist nur Wegweiser, nur die Vernunft der Hand; die Hand allein gibt Formen, Begriffe dessen, was sie bedeuten, was in ihnen wohnet. Der Blinde, selbst der blindgebohrne Bildner wäre ein schlechter Mahler, aber im Bilden gibt er dem Sehenden nicht nach und müßte ihn, gleich gegen gleich gesetzt, wahrscheinlich gar übertreffen —

„Aber Hogarths Linie der Schönheit„? Diese Linie der Schönheit mit Allem, was daraus gemacht ist, sagt nichts, wenn sie nicht in Formen und also dem Gefühl erscheinet. Kritzelt auf die Fläche zehntausend Reiz- und Schönheitslinien hin, sind sie an keiner Form und also in keiner Bedeutung, so thun sie dem Auge um ein klein wenig mehr wohl, als jedes Kindergewirre. Und wenn sie auch nur an Schnürbrust oder Topf erschienen,

schienen, so erscheinen sie doch an Etwas: also einem andern Sinne, also ursprünglich nicht dem Auge. Ich begreife es wohl, daß man die aufschwebende Lichtflamme nicht tasten und das wallende Meer in jeder Welle nicht als Solidum umfassen kann; daraus folgt aber nicht, daß unsre Seele sie nicht umfasse, nicht taste. Kurz, so wie Fläche nur ein Abstraktum vom Körper und Linie das Abstrakt einer geendeten Fläche ist; so sind beide ohne Körper nicht möglich.

Es ist sonderbar, daß Hogarth, der die Reiz- und Schönheitslinie, wie man sagt, erfand, so wenig Reiz und Schönheit mahlte. Seine Formen sind meistens häßliche Carrikatur, aber voll Charakter, Leidenschaft, Leben, Wahrheit, weil diese auf ihn drang, weil die sein Genius lebendig erfaßte. Er zeigte thätlich, was die gesunde Theorie noch mehr bestärkt, daß alle Umrisse und Linien der Mahlerei von Körper und lebendigem Leben abhangen, und daß, wenn diese Kunst nur Anschein dessen in einer Flächenfigur giebt, dies nur daher komme, weil sie nicht mehr geben kann. Ihr Sinn und ihr Medium, Gesicht und Licht verbieten, mehr zu geben; sie kämpft aber, so viel sie kann, mit beiden, um die Figur vom Grunde zu reißen und der Phantasie Flug zu geben, daß sie nicht mehr sehe, sondern genieße, taste, fühle. Folglich sind

alle

alle Reiz= und Schönheitslinien nicht selbstständig, sondern an lebendigen Körpern, da sind sie her, da wollen sie hin.

Ich mache nur Eine Anwendung. Was für ein Wagstück also, eine flache Linie hin zu mahlen und auf sie Dinge zu bauen, die eigentlich nur aus dem treusten Genuß und Gefühl und Innewerden des leibhaften Körpers entspringen können? Vorausgesetzt, daß diese Linie treu ist (und wie schwer es sei, einen Körper zur Fläche, ein ganzes Lebende in die Figur einer Linie zu bringen, weiß jeder, ders versucht hat) gehört nun nicht noch immer der plastische Sinn dazu, die Linie wieder in Körper, die platte Figur in eine runde lebende Gestalt zu verwandeln? und wie wenige das können, mag Gott und die Physiognomik wissen! Es könnte über und gegen das, was Silhouette, Sbozzo, bloßer Umriß, gleichsam ein gezeichnetes Nichts ist, nie so viel Albernes gesagt seyn, wenn allen Sehern Sinn beiwohnte, dies Nichts erst in ein treues Etwas zu verwandeln, ihm gerade nie mehr zu geben oder minder darinn zu vermuthen, als eben nur dieser Umriß, das umschränkte Nichts zeigt. Denn eben dazu sagts so wenig, um, was es sagen soll, scharf, treu und ganz zu sagen. Und eben das ist das sicherste Kennzeichen, daß wir, was es sagt, verstehen, wenn wirs uns körperlich

E machen

machen können, daß die Silhouette als Buste da steht, daß sie lebe. Da dies aber so schwer ist, da die Silhouetten so schrecklich untreu, nachläßig und unwissend gezeichnet werden, da nicht jedes Gesicht im Profil gleich redend ist, um eine gute Silhouette, d. i. gnug Glieder der Verhältniß zu geben, aus denen die ganze lebende Form erhelle, da eine bestochene, fliegende oder feindselige Phantasie im schwarzen oder weißen Fleck eines Schattenbildes eben so viel Spielraum findet, alles hinein zu schreiben, was ihr gefället; so ist wohl nächst Gott und dem Gelde im letzten Lustrum unsers Jahrhunderts nichts, womit so viel Mißbrauch, Abgötterei, Verläumdung, Betrug und Thorheit gespielt wird, als mit den Schattenbildern Menschlicher Köpfe. Der erste Versuch der Mahlerei, den ein liebendes Mädchen machte und der ewig nur liebhabenden Augen und Händen überlassen seyn sollte, die Silhouette ist jetzt den sieben Söhnen Sceva's Preis gegeben, die alle den Teufel haben, und (wie sie sagen, Lavatern nach, das ist, ganz ohne seinen Blick, Geist und Herz) aus Silhouetten weissagen und richten¹). — Gebt mir ein, auch nur leidlich treues leibhaftes Kopf- und Brustbild, so todt es übrigens sei (denn es ist nur die Larve vom Todten), auch nur die merkbarsten Scherben davon, und meine langsame

¹) Apostg. 19, 13 = 16.

same Einfalt mag euch eure glorificirte Ideale und Anubisgestalten, ausgemahlte Silhouetten und silhouettische Gemählde noch eine Zeitlang gern schenken. —

Doch gnug geredet. Wir treten an eine Bildsäule, wie in ein heiliges Dunkel, als ob wir jetzt erst den simpelsten Begriff und Bedeutung der Form und zwar der edelsten, schönsten, reichsten Form, eines Menschlichen Körpers, uns ertasten müßten. Je einfacher wir dabei zu Werk gehen, und wie dort Hamlet sagt, alle Alltags=Kopien und das Gemahl und Gekritzel von Buchstaben und Zügen aus unserm Gehirn wegwischen *m*): desto mehr wird das stumme Bild zu uns sprechen und die heilige Kraftvolle Form, die aus den Händen des größten Bildners kam und von seinem Hauch durchwehet dastand, sich unter der Hand, unter dem Finger unsers innern Geistes beleben. Der Hauch dessen, der schuf, wehe mich an, daß ich bei seinem Werk bleibe, treu fühle und treu schreibe! —

* *

Was im Haupt, unter dem Schädel eines Menschen wohne, welche Hand kann es fassen!

welch

---

m) — all trivial fond records
all saws of books, —

welch ein Finger von Fleisch und Blut diesen Abgrund inwendig gährender oder stiller Kräfte ertappen an der äußern Rinde! Die Gottheit selbst hat diese heilige Höhe, den Olympus oder Libanon unsers Gewächses, als den Aufenthalt und die Werkstäte ihrer geheimsten Würkung mit einem Haine *n*) bedeckt, mit dem sie sonst auch alle ihre Geheimnisse deckte. Man schauert, wenn man sich das Rund umfaßt denket, in dem eine Schöpfung wohnet, in dem Ein Blitz, der da aus dem Chaos leuchtet, eine Welt schmücken und erleuchten, oder eine Welt zerschmettern und verwüsten kann. Die Nordischen Völker nannten den Himmel Ymers Haupt und träumten ihn aus seinem Schädel entstanden; es ist wohl auch niemand, der, wenn die große und kleine Welt übereinstimmen und der kleine Mensch Begrif und Auszug der großen Schöpfung seyn soll, die Aehnlichkeit dieses Gipfels, der Krone unsers Daseyns, anderswo suchen werde, als dort, wo das unermäßliche Blau über Dunst und Wolken ein Abgrund wird, den nur **Seine** Hand umspannet und **Sein** Geist durchreget. Mich dünkt, hier ist Alles Tiefe und Geheimniß und ob es gleich scheint, daß bei anstrengender Arbeit wir die Kräfte der Sinne und Lebensgeister näher ihren Pforten und ihrer Tafel, dem Auge und der Stirn;

n) Das Haar.

Stirn; die ewigern Kräfte hingegen näher dem Mittelpunkt und endlich den Hintertheil des Haupts als die Wand fühlten, die dem ganzen Spiel der Sinnen und Gedanken Rückhalt verlieh und Mauer schaffte; obgleich Zufälle und Krankheiten Vieles hievon zu bestätigen scheinen, so ist doch offenbar dies innere Gewebe von zu verflochtner feiner Art, als daß man mit Huarte º) ein Conclave von Cardinalkräften zimmern, oder den innern Bau und Saft des Granatapfels nach seiner äußern Schale entwerfen könnte. Ahnden läßt sich allerdings vieles, und bei einem mit dem Beil zugehauenen, oder zum wäßrigen Kürbis hinaufgeschossenen, oder zur leeren Dunstkugel geplatteten, oder zu einem spitzigen Thersiteshöcker hinaufgeschrobnen ᵖ), oder endlich gar zur brennenden Vulkanushöle cyklopisirten Kopfe ahndet man mit Schauer. Mich dünkt indessen, das umfassende Gefühl fliehe die Linien. Die kleinste Wendung, das mindeste Weiterhinfühlen kann uns (sehr entschiedne Fälle ausgenommen,) den blos sonderbaren Menschen oft zum Gott, oder den Engel zum Teufel machen. Welcher Mensch weiß, was im Menschen ist, ohne der Geist des Menschen, der in ihm ist? Durch die kleine

Höle,

---

o) Exam. de ingenios. Cap. III.

p) Iliad. B. v. 219.

Höle, Ohr, und durch das, was nur Anschein einer Pforte ist, Auge, kommen zwo Wunderwelten von Licht und Schall, von Wort und Bildern in unsern Himmel von Gedanken und Kräften, die das wartende Meer desselben wunderbar durchweben, es erheben, scheiden und theilen, daß die äußere Hülle dieses Schatzes, und wäre sie auch zart wie eine Seifenblase, nimmer statt eines sichern und ganzen Auslegers seyn kann. Welcher Pallast oder Kaste voll Geheimnisses hat aufgeschrieben, was in ihm wohne? und wo das Innere von der Natur ist, daß es nicht aufgeschrieben und von außen bemerkt werden könnte? Und was wäre dies eher, als die Wohnung und Werkstatt der geheimsten Göttlichen Kräfte? Das Gesicht ist Tafel und spricht, was es sprechen soll: was tiefer liegt, was die Gottheit selbst mit Nacht bedeckte — scrutari, scire nefas.

Wie bedeutend indeß selbst der Hain dieses Olymps, das Haupthaar, ist, mögen uns die alten Künstler in der so verschiedenen Bearbeitung desselben an ihren Göttern und Helden zeigen. Ueber Phidias kam Jupiters himmlischer Geist, als die Ambrosische Locke desselben im Homer sank und Erd und Himmel sich bewegten. Wenn ein zornigschreitender Apollo, der von den Gipfeln des Olymps kommt,

Χινομενος

Χωομενος κηρ
Τοξ' ωμοισιν εχων, αμφηρεφεα τε φαρετρην
Εκλαγξαν δ' αρ' οιστοι επ' ωμων χωομενοιο
Αυτε κινηθεντος·

unmöglich das Haar Alcides, selbst wenn dieser eben so zornig mit seiner Käule schritte; und eine Diana niemals das Haar der Venus oder Rhea haben kann; so würde, wenn uns nicht durch elende Kunst und Mode hier alle Natur und Ansicht derselben genommen wäre, der tägliche Augenschein diesen reichen Text der alten Künstler erklären. So wie ich noch keinen harten Mann mit weichem Haar, und kein wollenes Schaaf mit Löwenmuthe gesehen habe, so wie beim jungen Hamlet, nach dem, was sein Name sagt, seine knotty soul bis in die Haare steigt und da die combined locks bildet, die nachher

> As the sleeping soldiers in th' alarm
> His bedded hairs, like life in excrements
> Start up and stand on end —

so ist auch ihr natürlicher Wuchs, das Fallen oder Scheiteln oder Wirbeln der Haare von sonderbarer Bedeutung. Als Mahomed ins Paradies kam, sahe er den Moses mit Haaren wie Feuerflamme, den milden Jesus, als ob Milch und Wasser des Lebens ihm auf die Schultern flösse. Der Vater aller Götter und Men-

Menſchen, mit krauſem Kopfe, wäre lächerlich, nicht ehrwürdig: da könnte die ſchwere trefliche Locke, die vom erhabnen Scheitel herabfällt, nicht mehr den Olymp erſchüttern. Wiederum gebe man einem Simſon, wenn er die Philiſternägel ausreißt, weiches fließendes Haar und ſie werden wohl ſtecken bleiben. Ich weiß nicht, welcher Philoſoph es bemerkt hat, daß die Menſchen mit vielen Wirbeln auch krauſer Gedanken ſind, die ſich nicht eher ordnen und zur Ruhe legen, bis das liebe Alter freilich auch ihr Haar, wie ihren Sinn, ſchlichtet. Das alte Sprüchwort, kurzer Sinn und langes Haar, iſt bekannt, und iſt wahr, wie etwa ein Sprüchwort wahr ſeyn kann. Was wiederum ein ausfallendes, ein frühe bleichendes Haar für Eindruck bei dem, der es hat und der es ſieht, mache, mag die Erfahrung zeigen. Wenn der Mandelbaum frühe blühet und die Höhe ſich ſcheuet und kahl wird, ſo iſts wohl Krone, aber eine nur durch Sorgen errungene Krone. Oft glühet die Hitze das Haar weg und das Haupt ſteht, wie ein Berg in den Wolken, der höchſte und über die andern wegſehend, aber nackt und traurig. Man ſehe Swifts fürchterlich glänzende Glatze. — Wie angenehm und bedeutend iſt an Kindern ihr Haupthaar. Wie bei Plato Sokrates mit Phädons, ſo ſpielt, dünkt mich,

mich, im Messias ein Engel mit Benoni's Locke. Bei Weibern ist das Haar eine Decke der Zucht, die Schlingen und die Seidenbande der Amors, in deren jedem nach jenem alten orientalischen Wahn, Myriaden der Engel wachen und wohnen. —

Das Haupt steht auf dem Halse: das ist, der Olympus auf einer Höhe, die Vestigkeit und Freiheit, oder Schwanensanftheit und Weiche zeigt, wo sie ist, was sie seyn soll: ein elfenbeinener Thurm, sagt das älteste und wahreste Lied der Liebe. Der Hals ists, der eigentlich exseriret, nicht was der Mensch in seinem Haupt ist, sondern wie er sein Haupt und Leben träget. Hier der freie, edle Stand, oder das geduldige Vorstrecken, ein Opferlamm zu werden, oder die starke Herkulesveste, oder seine Misgestalten, seine Krümmen und Verbergungen zwischen den Schultern, sein Bärenfett, sammt dem Calekutischen Unterkinne, und wilden Schweinsröcheln sind auch in Charakter, in That und Wahrheit unsäglich. Sowohl, was die Griechen den schönen Nacken, als was die Ungriechen Gurgel und Adamsapfel nennen, ist äußerst bedeutend.

Ich komme zum Antlitz des Menschen, zur Tafel Gottes und der Seele. Heilige Decke, verbirg mir den Glanz und zeige mir Menschheit.

Das Leuchten des Angesichts zeigt sich insonderheit auf der Stirn: da wohnet Licht, da wohnet Freude: da wohnt dunkler Kummer und Angst und Dummheit und Unwissenheit und Bosheit. Kurz, wenn wir Gesinnung des Menschen im reinsten Verstande, (so fein sie weder blos Sinn, noch schon Charakter ist) meinen, so ist, glaube ich, dieses die leuchtende eherne Tafel.

Ich bin zu einfältig, um Philosophische und Dichterische, Politisch herrschende oder Politisch dienende Stirnen zu sondern oder ins Kabinet zu reihen; aber das weiß ich nicht, wie je einem Anblickenden Eine Stirn gleichgültig seyn kann. Hinter dieser Spanischen Wand singen doch einmal alle Grazien oder hammern alle Cyklopen, und sie ist von der Natur offenbar selbst gebildet, daß sie das Angesicht solle leuchten lassen oder verdunkeln. Im obern Theile der Stirn zeigt sich unstreitig entweder jene Stiersdummheit, die von Natur ein Brett hat und nachher so oft eherne Mauer genannt wird: jene Buckeln und Knoten, wie auf Cuchullins oder Achilles Schilde, nur daß er, vielleicht zwar ein geerbter Väterschild, aber nicht mit der Figurenwelt Vulkanus prangen möchte: oft ein biceps Parnassus, auf dem leicht zu schlummern ist, wenn man drauf ist. Oder jene flache Aufdachung,

dachung, die auf dem Schindeldach gen Himmel steigt und der es nie an System mangelt. Oder endlich jene hohe Furchen Cronions oder Cronus, die Sorgenvoll uns oft zu Wolken heben, ohne zu wissen, was wir da thun und treiben sollen. Oder endlich jene υλη, jenes repertorium universale, das sich meistentheils selbst nicht findet. Ich liebe mir die jugendliche Griechische Stirn, die den Himmel niederdrückt und ihn nicht ins Unermäßliche wölbet. So wie der lieben Kindheit der Schleier der Haare über die Stirn fällt, daß dahinter der Saame des Lebens in Zucht und Friede und seliger Dumpfheit wachse: so gehörte ein Bernini dazu, die perfrictam frontem wieder hervorzubringen und auch den Statuen den Scheitel wegzureißen, der ja uns freilich minder als die seligen Götter kleidet. Seit es den Klugen der Welt oft selbst an Licht fehlt, haben sie den Brettdurchbohrenden Blick nöthig, es von der Stirn andrer zu lesen, die vielleicht gerade für sie kein Licht haben, und so hat sich rechts und links die aufgestriegelte glatte Mode tief hinunter verbreitet. Wer in einer Illumination nicht viel Licht hat, thut am besten, wenn er sein Stümpchen vors Fenster stellet oder etwa gar sein Caminfeuer dahin trägt: so gehts oft mit dem Licht unsrer Stirnen. Sie glänzen, daß man sich daran
weder

weder freuen noch wärmen kann, und das Licht
der Johannswürmer lieber hätte. —

Wo sich die Stirn heruntersenkt, scheint
Sinn in den Willen überzugehen. Als Juno
den Herkules im Olymp sahe, mußte sie, dünkt
mich, zuerst von dem Knoten seiner Stirn ver-
söhnt werden, den sie ihm durch alle Sorgen
und Gefahren und Kümmernisse ihres weiblichen
Verhängnisses da aufgeballt hatte. Hier ists,
wo sich die Seele zusammen zieht zum Wider-
stande: das sind die cornua addita pauperi, mit
denen er entweder in seliger Dumpfheit blind gehet und trift, oder wie jener Indianische Göße,
das versunkne Gesetz aus dem Schlamme des
Abgrunds hinaufholet. Wenns auch nur Winkelmanns Traum wäre, daß der schöne Torso
des Herkules sich da auf seine Keule senke und in
die erheiterte Stirn den Traum des mühseligen
Erdenlebens ruffe, — gewiß so ists ein schöner
Traum, und ich habe noch keinen Ochsen am
Pfluge oder einen Herkules am Ruder des
Staats gesehn, dem diese Stützen seiner Ruhe
und diese Waffen seines Streits gemangelt hätten. Oft sind sie schon an Säuglingen da und
prägen ihr Schicksal, von dem denn freilich das
aufgeschlagne Buch, die flache, lichte, runde,
hellumgränzte Stirn kein Wort weiß. —

Unter

Unter der Stirn steht ihre schöne Grenze, die Augenbrane: ein Regenbogen des Friedes, wenn sie sanft ist, und der aufgespannte Bogen der Zwietracht, wenn sie dem Himmel über sich Zorn und Wolken sendet. In beidem Falle also Verkündigerin der Gesinnung und Bote des Himmels zur Erde. Was vom Haar allgemein gesagt wurde, gilt von diesem Faden der Haare, sie mögen Furie oder Grazie seyn, auszeichnend. Hier wohnen gewiß Engel in jedem friedlichen sanften Härchen; oder Flammen steigen auf ihnen empor. Was an ihnen die Halbkugeln, die Igelborsten, die Wirbel, die Grecq-Figuren für Eindruck machen, kann wohl keine Feder schreiben. Und wie schwimmt Gegentheils Auge und Hand so sanft die linde friedliche Augenbrane hinunter! sie gleitet hinab, wie der Kahn des Lebens in schöner Morgen= oder Abendröthe. Ich weiß nicht, was für ein Wink dem Verständigen angenehmer, anziehender seyn könne, als hier ein scharfer, vester und doch sanfter Winkel zwischen Stirn und Auge. Er gibt dem Profil einen unaussprechlich interessanten Zug und ist der Hügel, auf dem sich Genien und Grazien sonnen, um sich in die Quelle des Schattenumkränzten lieblichen Auges zu tauchen.

Das

Das Griechische Profil ist so berühmt, daß ich mich scheue, davon zu reden. Jeder Connoisseur weiß, daß es der gerade Schnitt von Stirn zu Nase sei, der, weil er Griechisch ist, wohl sehr schön seyn müsse. Wenn er ihn nachher an lebenden Personen sieht und da nicht so schön findet, so schreibt er etwa, wie jener Schneider in den Kalender, es sich in seinen Volkmann oder Richardson an: „schön; aber „nur an Griechischen Statuen, weil sie Stein „sind „; und damit hat seine Kennerschaft ein Ende. Nothwendig muß in der lebenden Natur eine Ursache der Schönheit liegen oder sie ist auch nicht in der todten; und wer verkennete sie dort? Wer fühlt nicht, daß eine Nase mit ihrer Wurzel tief unter die Stirn gebogen, gleichsam einen dürftigen Anfang habe, und daß der Lebensothem, der zur Seele kommen soll, sich da wie durch Höle und Abtritt winde? Wer fühlt nicht Gegentheils die unzerstückte Form, und daß so fort unter der Stirn das ganze übrige Gesicht Erhabenheit, Runde, großen Blick und vestere Cälatur erhalte, wenn dieser Bug der Nase kein Grabensprung ist? endlich und ohn' alle diese Künstelei, wer hat noch nie das Thronmäßige einer Junonischen Nase, oder das unendlich Freie, Vor sich sehende, Hinduftende einer Nase des Apollo gemerket? Wie vielleicht nur

Ein

Ein Himmelsstrich ist, der dies Profil in Menge bildet, und der Welschen Vorwurf nicht so ganz ohne Grund seyn mag, daß jenseit der Alpen die Schönheit der Form erliege, ob ichs gleich, wenn die Sache selbst wahr wäre, mehr auf Stammcharakter des Volks als auf Einwürkung des Landes und Clima gäbe: so halte ich doch dafür, daß es bei dem Künstler nicht ohne Veredlung dieses Zuges abging, wieviel Anlage derselbe im Volk um sich her hatte. Die Nase gibt dem ganzen Gesicht Haltung, sie ist die Linie der Vestigkeit und gleichsam das Scheidegebürge an Thälern zu beiden Seiten; die Kunst muste also bald gewahr werden, daß mit ihr für das Ganze Alles gewonnen oder verlohren sei. Und da erhub sich denn das Profil, das noch jetzt, nach jener Sprache des Hohenliedes, wie ein Lustbau stehet, der von der Höhe Libanus nach den schönen Gegenden Damaskus schauet. Nicht der mindeste Theil dieses unedlen Gliedes, das Wir kaum zu nennen wagen, ist unbedeutend. Die Wurzel der Nase, ihr Rücken, ihre Spitze, ihr Knorpel, die Oeffnungen, dadurch sie Leben athmet, wie bedeutend für Geist und Charakter! Nur ist auch hier das Hinschreiben einzelner Züge zu sehr dem Mißbrauch und Mißverstande unterworfen; deute sich selbst, wer will und kann.

Die

Die Augen betrachte ich hier nur taſtbar als Gläſer der Seele und Brunnen des Lichts und Lebens. Sie liegen zwiſchen Büſchen eingefaßt und geſchloſſen: und eben das blinde Gefühl entdeckts ſchon, daß ihre ſchöngeſchliffene Form, nebſt Schnitt und Größe nicht gleichgültig ſei. Eben ſo merkwürdig iſts, wie ſich unten der Augknoche ſtarr bäume oder ſanft verliere? und ob die Schläfen eingefallene Grabhölen oder zarte Ruheſtäten ſind, auf denen der Finger des Bluts und Lebens ſchlage? Ueberhaupt iſt die Gegend, wie Augenbrane, Naſe und Auge ſich verhält, die Gegend des Winks der Seele in unſerm Geſicht, d. i. des Willens und praktiſchen Lebens.

Den edlen, tiefen, verborgenen Sinn des Gehörs hat die Natur Seitwärts geſetzt und halb verborgen; der Menſch ſollte nicht mit dem Antlitz für andre, ſondern mit dem Ohre für ſich hören. Auch blieb dieſer Sinn, ſo wohlförmig er da ſteht, ungeziert: Zartheit, Ausarbeitung und Tiefe iſt ſeine Zierde; weh ihm, dem große Lappen des Elephanten zu beiden Seiten herabhangen, oder weiſe Midasbrabeumen zu beiden Seiten gethürmt ſind: der muß wohl hören und urtheilen, denn ſeine Ohren ſind groß. — Uebrigens überlaſſe ichs den Naturkundigen, ob dieſer Sinn durchs Anpreſſen und Nichtüben

nicht

nicht so verlohren habe, wie das Gesicht durchs Stubenblinzeln und Brillenbrauchen. Ist dies; so kann, was schädlich ist, niemals schön seyn.

Endlich komme ich zum Untertheil des Gesichts, den die Natur beim Männlichen Geschlecht abermal mit einer Wolke umgab, und mich dünkt nicht ohn Ursach. Hier sind die Züge zur Nothdurft, oder (welches mit jenem eigentlich Eins ist) die Buchstaben der Sinnlichkeit im Gesicht, die bei dem Manne bedeckt seyn sollten. Jedermann weiß, wie viel die Oberlippe über Geschmack, Neigung, Lust- und Liebesart eines Menschen entscheide: wie diese der Stolz und Zorn krümme, die Feinheit spitze, die Gutmüthigkeit runde, die schlaffe Ueppigkeit welke: wie an ihr mit unbeschreiblichem Zuge Liebe und Verlangen, Kuß und Sehnen hange und die Unterlippe sie nur schließe und trage: ein Rosenküssen, auf dem die Krone der Herrschaft ruhet. Wenn man Etwas artikulirt nennen kann, so ists die Oberlippe eines Menschen, wo und wie sie den Mund schließt: und wenn dieser von Ambrosia der Liebe und von Nektar der Svade duftet, so ist jene gewiß das Zünglein der Waage, die ihm die Götterspeise zuwägt.

Außerordentlich bedeutend ists bei einem Menschen, wie bei ihm die Zähne fallen und

F wie

wie sich seine Backe schließt. Ob er ewig knirsche und grinse? oder bei jeder Oefnung den rictum leonis, das $χασμ'$ $οδοντων$ mache, das eine unausstehlich freundliche Zerrung ist? oder alles schlaff hange, und statt einer vollen Lieb- und Ueberredungduftenden Rose; ein Mundlappe da sei? Ein reiner, zarter Mund ist vielleicht die schönste Empfehlung des gemeinen Lebens: denn, wie die Pforte, so glaubt man sei auch der Gast, der heraus tritt, das Wort des Herzens und der Seele. Der Ausdruck: an jemandes Munde hangen; die zwo Purpurfäden des Hohenliedes, die süßen Duft athmen: das Sprüchwort vom verschloßnen und offnen Munde ist, dünkt mich, lauter Physisches Leben. Hier ist der Kelch der Wahrheit, der Becher der Liebe und zartesten Freundschaft.

Die Unterlippe fängt schon an, das Kinn zu bilden, und der Kinnknochen, der von beiden Seiten herabkommt, beschließt es. Es zeigt viel, wenn ich figürlich reden darf, von der Wurzel der Sinnlichkeit im Menschen, ob sie vest oder lose, rund oder schwammig sei? und mit welchen Füßen er gleichsam im Erdreich stehe? Da das Kinn die ganze Ellypse des Angesichts rundet, so ists, wann es, wie bei den Griechen, nicht spitz, nicht gehölt, sondern ununterbrochen, ganz und leicht herabfließt, der

ächte

ächte Schlußstein des Gebäudes, und die Mißbildung an ihm ist fürchterlich anzuschauen.
Wenns hier vorgebogen steht, als ob die Natur
den Kopf an dieser Handhabe gebildet und nachher zornig weggeworfen habe: wenn es hier
nichts ist und sich verkriecht — doch gnug, und
schon zu viel über diese Theile gesprochen, die,
da sie tiefe Sinnlichkeit reden, auch so wenig
deutlicher Sprache fähig sind. Die Natur um-
hüllete sie beim Manne, und auch unsre Beschreibung soll sie weiter umhüllet lassen.

Wir sollten statt dessen beim Manne vom
Bart reden, von dem wir jetzt aber nichts mehr
reden können, als etwa wie oft und sehr er das
Messer stumpf macht? Die Juden, in ihrem
alten Buche Sohar, haben viel Geheimnisse von
ihm, von seinen Straßen, Wegen und Win-
keln, hinter denen, wo es nicht mißdeuteter Buch-
stabe der Schrift ist, manches Physische stecken
mag, das wir jetzt nicht verstehen. Mode und
Lebensart wollens, daß wir, wie die Weiber,
am Kinn ewig Jünglinge und Kinder, nur mit
einem Stoppelfelde männlicher Jahre und auf
dem Haupt ewig gepuderte Greise oder kahle
Grindköpfe mit einer Haarmütze seyn sollen.
Als wenn uns die Natur nicht so etwas hätte
geben oder nehmen können, wenn sies gewollt
hätte! —

Bei den übrigen Theilen des Menschlichen Körpers kann ich kürzer seyn, denn das Gesicht war schon ihr Auszug. Wie auf der Stirn Gesinnung herrschte, so birgt die Brust die edlern Eingeweide und ist ihrer Zeuge. Ein Mensch von freier Brust wird in aller Welt für frei und edel gehalten: man traut ihm etwas zu, er kann doch athmen. Das pectus hirsutum, der eherne Panzer um die Seele ist allen Nationen und Sprachen Sprüchwort; dagegen die eingebogne, zusammengeklemmte, keuchende, schon von Natur sich verbergende Thersitesbrust auch ein natürliches Omen ist von eingeschlossenem, zusammengekrümmtem, kriechendem Muthe. Oft hat der dennoch edle Mann vieles durch Grundsätze überwunden: Gott hat ihm, wie der Koran sagt, Raum in der Brust gemacht und Luft verschafft vor seinen Drängern; noch öfter aber wird Muth simulirt und Politische Klugheit soll ersetzen, was uns an ihm unersetzlich fehlet. Da bekannt ist, daß nichts hiezu so sehr beiträgt, als das liebe Sitzleben, das arbeitende Kriechen auf der Brust und nicht einmal auf dem Bauche: so habens auch alle Barbaren, d. i. alle Nationen, die noch in freier Natur lebten, erkannt, was dies Leben auf Körper und Geist würke. Es verdumpft die Stimme und stumpft das Auge, noch mehr aber Sinn und

und Seele. Zagend schwebt das Herz in seiner engen verdrückten Höle, glaubt jeden Augenblick zertreten zu werden und kriecht nach Speise und Verläumdung. Welcher Freund, der sein Haupt an diese Brust lehnen und sagen könnte: du bist mein Fels! welcher Hülflose Unterdrückte, der sich an ihr aufrichten könnte und sagen: hier wohnt Zuflucht! Desto weiser aber sind wir im Haupt und geschäftig mit Mund und Fingern. —

Dem Weibe gab die Natur nicht Brust sondern Busen, schlang also, da hier Quellen der Nothdurft und Liebe für den zarten Säugling seyn sollten, den Gürtel des Liebreizes um sie und machte, wie's ihre mütterliche Art ist, aus Nothdurft Wollust. Des Mannes Brust ist einförmiger, stärker, edler, vollkommen: der Busen des Weibes ward zarter, völliger, gewaschen mit Milch der Unschuld und gekrönt mit der Rose der Liebe. So lange diese ein Knöspchen blühet und der unreife Hügel zur Ernte wächst, schlang die Grazie der Jungfrauschaft ihren Gürtel um dieselbe, in der, nach der Beschreibung jenes Dichters Liebe und Verlangen wohnen. Wenn der Trank der Unschuld bereitet ist und der Unmündige an den Quellen der ersten Mutter- und Kindesfreude hanget, und seine kleine Hand sich an sie schmieget und tappet

pet und gnug hat, und Mutter und Kind sich Eins fühlen am Baume des süßen Lebens: welcher Unmensch, der hier nicht fühle und ein verlohrnes Paradies der Unschuld ahnde! —

Wenn schon Winkelmann es beklagte, daß er nicht für Griechen schreibe und also vieles müsse verschweigen: so habe ich diese Vorsichtigkeit leider! noch mehr nöthig, kann also auch nur mit wenigen Zügen reden. Wie die Brust die edlern Theile barg und ausdruckte, so ist von den ältesten Zeiten und Philosophen an der Bauch als Sitz der Begierden betrachtet worden. Darauf beziehet sich jene edle Beschreibung Winkelmanns von dem, was Bauch des Bacchus heiße: die jugendliche Nüchternheit und Mäßigkeit und sanfte, wie aus einem schönen Traum erwachte Fülle, deren Gegentheil eine Form und ein Zustand ist, der selbst in der Beschreibung widert. Es war dort Fluch der Ausschweifung und Folge des Wassers der Bitterkeiten, daß der Bauch schwelle und die Lenden schwinden q); fürs untreue, wohllüstige Weib gewiß die größte Strafe! Es ist Beschreibung des ältesten Liedes der Unschuld und Liebe r): daß der Bauch sei ein schwebender Weizenhügel, der Nabel ein runder Becher, dems nimmer an Getränk mangelt, der nimmer verletzt und nimmer

q) 4. Mos. 5, 21=27. r) Hohelied 7, 2.

nimmer übersprudelt von Freude; ja die weise Mäßigkeit und Furcht Gottes sollte, wie abermals das älteste Sittenbuch *s*) sagt, selbst dem Nabel gesund seyn und erquicken die Gebeine. — Wir hönen jetzt über diese Beschreibungen der Einfalt, so wahr sie sind. Wir machen uns Schürze von Feigenblättern, wie jene Ersten, und meistens auch aus derselben Ursach. Ich schweige also und spreche nur noch Ein Wort von Rücken, Hand und Fuß.

Wie an allen, so haben die Griechen auch an diesen Theilen das Schönste gekannt und gebildet. Wenn der schöne Nacken bei Bacchus herabfleußt, und Venus aus dem Bade mit ihrem gebognen Rücken der Taube herauftritt, und der schöne Torso da sitzt und sinnet — doch wie kann ich beschreiben? und was hilft beschreiben, wenn man nicht selbst sieht und das schöne Gebürge hinabgleitet? Und wie über der Hüfte sich der Rücken in Weiche verlieret! Prometheus und Pygmalion, konnten sie anders als umschlingend das schöne Gebilde, das zarte Verfließen auf jeglicher Stelle gebildet haben? Und die Hüften, nach der Sprache jenes alten Buches der Unschuld, zwo Spangen von Meisterhand, und die Schenkel Apollo's als Marmorsäulen, und das Knie ohne Todgelösete Knöchel, als

wäre

---

s) Sprüchw. 3, 8.

wäre es aus weichem Ton geblasen, und die Wade des Fußes weder hangend und angeklebet noch dürftig; ein strebender Muskel voll Jugendtritt und Stärke. Der Fuß endlich, belebt bis zum kleinsten Gliede, nicht losgetrennt vom Ganzen und etwa als der Schuh eines Gewürmes angezogen, sondern Eins mit Allem, das Ganze auf ihn hinabfließend und er das Ganze tragend. Und wie die Schenkel zu Marmorsäulen, so wand Mutter Natur, die Arme zu zarten Cylindern und umschlang sie mit dem ersten Brautkranz der Liebe. Und schonte die Spitze des Bogens, und ließ am Weibe die Hand sanft hinabfließen, in kleine Cylinder. Und bepolsterte sie von innen in jedem sammetnen Mäuschen und in jedem Blumenbusche der Fühlbarkeit, der auf Gefühl wartet, mit dem ersten Druck der Liebe. Und machte jedes Glied wächsern und beweglich und regsam, den Finger fast zu einem Sonnenstral, und die Milchgewaschene Höhe der Hand zum ungetheilten und Gliedervollen Hügel voll Rege, voll umfassenden Lebens. Und wie der Arm des Mannes strebet! Muskeln seine Siegskränze und Nerven seine Bande der Liebe. — Mächtig und frey gehn sie von den Schultern hervor, die Werkzeuge der Kunst und Waffen der Tugend. Sie sind da die Brust zu schützen, Geliebte, Freund und

Vater-

Vaterland zu umschlingen, ans Herz zu drücken, und zu vertheidigen. Und die Hand ein Gebilde voll feinen Gefühls und tausendförmiger Organischer Uebung. Und wie edel der ganze Bau da steht: Angesicht, Stirn und Brust zeigend und mit seinen Schenkeln schreitend. Schauerlich groß sind wir gebildet ᵗ), Kunstreich unser Gebein gezählt und gefüget, und unsre Nerven geflochten, und unsre Adern als Lebensströme geleitet. Aus Leim gemacht, und wie zarte Milch gemolken und wie Käse sanft geronnen und mit Haut bekleidet und mit Othem Gottes beseelet ᵘ). Gebildet (πεπλασμενοι) um und an, und unser Gebilde (πλασμα) Form von regenden Lebenskräften des obersten Bildners ˣ): kurz die Wahrheit des ältesten Orakels über unsern Ursprung ᶻ):

Επλασεν ο Θεος τον ανθρωπον, χυν απο της γης. και ενεφυσησεν εις το προσωπον αυτυ πνοην ζωης, και εγενετο ο ανθρωπος εις ψυχην ζωσαν.

t) Pf. 139, 14. u) Hiob 10, 9=11.
x) Hiob 33, 4=6. z) 1. Mos. 2, 7.

Vierter Abschnitt.

Die Absicht des Vorigen ist wohl weder Lobrede der Schönheit, noch Beschreibung der Antike, am wenigsten Physiognomik gewesen, da ich weder Künstler, noch Antiquar noch Physiognom bin, und allgemeine unbestimmte Ausdrücke zu keinem von dreien etwas betragen. Der simple Satz war meine Absicht: „daß jede Form der Erhabenheit und Schön„heit am menschlichen Körper eigentlich nur „Form der Gesundheit, des Lebens, der „Kraft, des Wohlseyns in jedem Gliede die„ses kunstvollen Geschöpfes, so wie hingegen „Alles Häßliche nur Krüppel, Druck des Gei„stes, unvollkommene Form zu ihrem Endzweck „sei und bleibe„. Die Wohlgestalt des Menschen ist also kein Abstraktum aus den Wolken, keine Komposition gelehrter Regeln oder willkührlicher Einverständnisse; sie kann von jedem erfaßt und gefühlt werden, der, was Form des Lebens, Ausdruck der Kraft im Gefäße der Menschheit ist, in sich oder im andern fühlet. Nur die Bedeutung innerer Vollkommenheit ist Schönheit.

Um

Um Wiederholungen zu vermeiden, lasset uns die vorhergezeigte Menschengestalt in Handlung setzen, und wir werden gewahr, jedes Glied spreche und jemehr es seinem Zweck entspricht, um so vollkommener und schöner sei es. Bildet einen Philosophen und gebet ihm eine Stirn, die nicht denkt, einen Herkules und senkt ihm keine Kraft zwischen die Augenbranen, noch in den Hals, noch in die Brust, noch in den ganzen Körper: eine Venus, und mit abscheulichem Profil, hangenden Brüsten und hangendem Munde: einen Bacchus der Alten, wie er auf unsern Weinfässern sitzt; jedes gemeine Auge wird hier in Handlung fühlen, was ein feiner Sinn in den Gestalten an sich, auch ohne Handlung, gefühlt hätte, nehmlich, daß sie ihrem Zweck nicht entsprechen, daß eine Göttin der Liebe ohne Reiz, eine Diana ohne keusche Schnelle, ein Apollo ohne Jugendmuth und Stolz, ein Jupiter ohne Hoheit und Ehrfurcht abscheuliche Geschöpfe seyn. Was nun in einzelnen Charakteren und Handlungen zutrift, muß gesammlet auch allgemein wahr seyn: denn alles Allgemeine ist nur im Besondern, und nur aus allem Besondern wird das Allgemeine. Schönheit ist also nur immer Durchschein, Form, sinnlicher Ausdruck der Vollkommenheit zum Zwecke, wallendes Leben, Menschliche Gesundheit. Je mehr ein Glied bedeutet, was es bedeuten soll, desto schöner ists, und nur innere Sympathie, d. i. Gefühl und Versetzung unseres ganzen menschlichen Ichs in die durchtastete Gestalt ist Lehrerin und Handhabe der Schönheit.

Wir finden daher, daß jedesmal, wo Eine Form, Ein Glied vorzüglich bedeuten soll, da trete es natürlich den andern etwas vor: es beut sich gleichsam selbst und zuerst und vorzüglich der tastenden Hand dar. Lasset eine Figur denkend, sinnend, da stehn; sogleich senkt sich das Haupt, das ist, die untern Theile des Gesichts ziehen sich, wie in den Schatten zurück, und die Stirn wird Haupttheil. Auch ohne Finger an der Nase sagt die Gestalt: ich denke. Laßt einen Imperator vor sich sehen, daß sein Blick befehle; sofort wird dieser Blick das laute Wort des Gesichts, das Auge wird Haupttheil: daher sind auch an der Juno die Augen so schön und groß gebildet, denn es ist der Königliche Wink ihres Daseyns

ast ego regina Deum —

Laßt einen Apollo Zorn fühlen und schreiten; sofort treten die Theile seines Körpers hervor, die edles Selbstgefühl und Gang zu seinem Zwecke andeuten: die Nase weht lebenden Othem und macht Raum vor sich her: die Brust, ein schöner Panzer, wölbet sich edel: die muthigen, län=

längern Schenkel schreiten: die andern Glieder ziehn sich gleichsam bescheiden zurück, denn sie sind nicht in der Handlung. Eine Gestalt soll verlangen, bitten, wünschen, flehen mit ihrem Munde; unvermerkt beugt dieser sich sanft vor, daß auf ihm Hauch, Gebet, Verlangen, Wunsch, Kuß schwebe. Selbst bis zum Ohre, wenn es horcht, erstreckt sich diese feine Bewegung und Andeutung. Die Form des handelnden Gliedes spricht immer: ich bin da, ich würke. Und ist dies im feinen zarten Gesicht, um so mehr ists im ganzen Körper. Wie kann die Hand befehlen, ohne daß sie sich erhebe und ihr Amt andeute? wie kann die Brust sich darbieten und schützen, ohne daß sie unvermerkt vortrete und spreche: ich bin gewölbet. Ein schöner Bauch blähet sich nicht: aber natürlich sinkt Bacchus in eine ihm vortheilhafte Stellung: er lehnt sich sanft an mit dem Arme, daß seine schöne Weiblichkeit in Rücken und Brust, in Bauch und Hüften in ihrer bedeutenden Sprache rede. Und dies alles sind keine Kunstregeln, keine studirte Uebereinkommnisse, es ist die natürliche Sprache der Seele durch unsern ganzen Körper, die Grundbuchstaben und das Alphabet alle dessen, was Stellung, Handlung, Charakter ist und wodurch diese nur möglich werden. —

Also

* * *

Also weiter. Hat die Natur unsre Menschheit nicht zum todten Meer, zum Stillstande einer ewigen Unthätigkeit und Gefühllosen Götterruhe, sondern zu einem bewegten, ewig sich regenden Strome voll Kraft und Lebensgeistes machen wollen; so sehen wir, auch von außen konnte ihr Werk keine plastische Larve und Maske einer schönen ewigen Unthätigkeit seyn, sondern Lebenswind muste die Formen beleben. Sofort wird die Schönheit Kraft, Bedeutung in jedem Gliede. Statt des Abstraks in Wolken, das kein Auge gesehn und kein Ohr gehört hat, wird sie auch bey Göttern und Göttinnen Concret d. i. Charakter dieses Gottes und keines andern. Jede schöne Form an ihm, wird von dem Lebensgeiste bestimmt, der sein Schif anwehet und treibet: mithin wird jedes Glied im höchsten Maaße individuell bedeutend. Und nur so fern es also bedeutet, und der Dämon, der Charakter, der Eine Göttliche Lebensgeist ganz und allein in diesem Bilde erscheint, so fern ists der schöne Apollo, die Glorreiche Juno und Aphrodite. Man darf hier abermals weder in Buchstaben noch in Wolken studiren, sondern nur seyn und fühlen: Mensch seyn, blind empfinden, wie die Seele in jedem Charakter, in jeder Stellung und Leidenschaft in uns würke,

und

und denn tasten. Es ist die laute Natursprache, allen Völkern, ja selbst blinden und Tauben hörbar.

Nireus, der schönste aller Griechen vor Troja, thut in der ganzen Iliade nichts und kommt nicht, als im Verzeichniß der Schiffe, zum Vorschein: alle, die darinn handeln, stehn als einzelne Charaktere, mit vestbestimmten, nicht zerfließenden, unwandelbaren Zügen da und sind, die sie sind. So der Göttliche Agamemnon, „an Haupt und Blick dem Jupiter gleich, dem „Mars im Gurte, an Brust dem Neptun: er „stand, wie ein Stier da erhaben unter seiner „Heerde„; aber nur im ruhigsten prächtigsten Theil der Iliade vor dem ersten Anfalle stand er so, nachher hat Homer nicht Zeit seine Schöne zu schildern: Agamemnon handelt. Priamus kann vom Thurm ihn schauen und bewundern: Helena preisen, Homer preiset nicht mehr. Vom schönen Achilles, um den sich das ganze Gedicht windet, hören wir kein Lob der Schönheit, wir sollen ihn nur in seinem Zorne sehen, auf die lieblichste Weise mit Freundschaft, Liebe, Vertraulichkeit und Saitenspiel vermählet. Der Göttliche Ulysses „mit seiner breiten Brust und Schul„tern, als Agamemnon, der als ein dickwol„liger Widder zwischen den Reihen der gelagerten „Heerde auf und abgeht: Menelaus, der, wenn

„er

„er stand, mit breiten Schultern dem Ulyſſes „vorragte, aber wenn beide ſaſſen, ſchien Ulyſſes „der Anſehnlichere„ — in ſolchen zwei Zügen, vom müſſigen Thurm gezeichnet, ſtehen ſie leibhaft da und zeigen nachher nur die beſtimmte Form ihrer Glieder in beſtimmter einzelner Handlung. So Homer: und daß nicht blos der Epiſche Dichter alſo ſchildert, weil ihn die Handlung fortreißt, ſondern die Griechen ſich nie Schönheit als in beſtimmter Form dachten, mag uns ſelbſt Anakreons Bathyllus lehren. Ein Liedchen der Wohlluſt, denkt man, kann doch wohl am erſten ein geſammleter Duft, ein ſchwebendes Gewebe, eine Blumenleſe ſeyn von mancherlei Traumzügen: es iſts und iſts nicht. Es ſaugt von vielen Blumen den Honig, aber zu einer ſehr beſtimmten Geſtalt: der Jüngling verwandelt ſich plötzlich in einen Apollo, oder vielmehr Apollo in den Jüngling und die Statue ſteht da.

Ohne Zweifel hat dies außerordentlich Beſtimmte, treu Erfaßte in der Form jeder Stellung, jeder Leidenſchaft, jedes Charakters den Griechen zu der Höhe der Kunſt geholfen, die ſeit der Zeit nicht mehr auf der Erde erſchienen iſt. Sie ſahen als Blinde und taſteten ſehend: durch keine Brille des Syſtems oder Ideals, das etwa ein ſchwebend Spinnengewebe der Herbſtluft

zur

zur Seelenform eines Menschlichen Körpers hätte phantasiren wollen. Kein Glied von Einem ihrer Götter kann einen andern Gott, keine Stellung ihrer Handlung einen andern Charakter bedeuten, als da steht. Ein Geist hat sich über die Statue ergoßen, hielt die Hand des Künstlers, daß auch das Werk hielt, und Eins ward. Wer (um so gleich ein Schwerstes anzuführen) wer je am berühmten Hermaphroditen stand und nicht fühlte, wie in jeder Schwingung und Biegung des Körpers, in allem, wo er berührt und nicht berührt, bacchischer Traum und Hermaphroditismus herrschet, wie er auf einer Folter süßer Gedanken und Wollust schwebt, die ihm, wie ein gelindes Feuer, durch seinen ganzen Körper dringet — wer dies nicht fühlte und in sich gleichsam unwillkührlich den Nach- oder Mitklang desselben Saitenspiels wahrnahm; dem können meine nicht und keine Worte es erklären. Eben das ist das so ungemein Sichere und Veste bei einer Bildsäule, daß, weil sie Mensch und ganz durchlebter Körper ist, sie als That, zu uns spricht, uns vesthält und durchdringend unser Wesen, das ganze Saitenspiel Menschlicher Mitempfindung wecket.

Ich weiß nicht, ob ich ein Wort wagen und es Statik oder Dynamik nennen soll, was da von Menschlicher Seele in den Kunstkörper gegossen,

gossen, jeder Biegung, Senkung, Weiche, Härte, wie auf einer Waage zugewogen, in jeder lebt und beinahe die Gewalt hat, unsre Seele in die nähmliche sympathetische Stellung zu versetzen. Jedes Beugen und Heben der Brust und des Knies, und wie der Körper ruht und wie in ihm die Seele sich darstellt, geht stumm und unbegreiflich in uns hinüber: wir werden mit der Natur gleichsam verkörpert oder diese mit uns beseelet. Und daher fühlen wir auch jede neue Ergänzung doppelt widrig, die, so schön sie auch seyn mag, wenn sie nicht vom Ganzen des Einen lebendigen Geistes beseelt wird, uns mit Recht als ein fremdes Flickwerk vorkommt. Nichts muß blos ersehen und als Fläche behandelt, sondern vom zarten Finger des innern Sinnes und harmonischen Mitgefühls durchtastet seyn, als ob es aus den Händen des Schöpfers käme. —
Nichts preisen daher die Zuschriften der Griechischen Anthologie an den Statuen so sehr, als diese ganze Haltung, dies Durch= und zu uns Leben, das aus ihnen gehet. Ich weiß nicht, ob es eine Zeichnung oder Schilderei ersetze, die nur Schatten auf der Fläche gibt und vom lebendigen Körper doch auch nur entspringen muste; aber das weiß ich, daß, je mehr wir alle Dinge als Schatten, als Gemählde und vorüberstrei=

streichende Gruppen ansehen, wir dieser körperlichen Wahrheit immer um so ferner bleiben. Auch hier komme uns geistig das Gefühl und die dunkle Nacht zu Hülfe, die mit ihrem Schwamme alle Farben der Dinge auslöscht und uns an das Haben und Halten Einer Sache heftet. Die Griechen wusten wenig, aber das Wenige ganz und gut: sie erfaßtens und konntens geben, daß es zu ewigen Zeiten lebe. So wie das Profil ihres Angesichts gebildet und nicht gemahlt ist, so sinds auch ihre Werke.

Wie weit wir da hinter ihnen stehen, mag eine zukünftige Zeit richten. Was ist seltner in unsern Tagen, als einen Menschlichen Charakter zu erfassen, wie er ist, ihn treu und ganz zu halten und fortzuführen? Da muß uns immer die liebe Vernunft und Moral, wie das Licht und die Farbe, zu Hülfe kommen, weil er auf seinen Füßen nicht stehen will und sich von Seite zu Seite, wie ein Gespenst, verändert. Das macht, wir sehen so viel, daß wir gar nichts sehen und wissen so viel, daß gar nichts mehr unser, d. i. etwas ist, was wir nicht gelernt haben konnten, was mit Tugenden und Fehlern aus unserm Ich entsprang. Heilige Nacht, Mutter der Götter und Menschen, komme über uns, uns zu erquicken und zu sammeln. Non multa, sed multum. Mit welchem tiefen Verstande und stillen

Durchgefühle arbeiteten Raphael und Domenichino an ihren ewigen Werken. Nicht Gemählde; Dädalus Bildsäulen sind sie, und wandeln und leben.

Das wills also nicht thun, daß wir unsern Kindern etwa von Jugend auf, Wachs und Thon in die Hand geben, obgleich auch damit schon etwas gethan wäre und vielleicht niemand zeichnen sollte, der nicht als Kind lange gebildet und gespielt hatte. Alle ersten Zeichnungen der Kinder sind Gebilde auch auf dem Papier: Nachäffungen des ganzen lebendigen Dinges, ohne Licht und Schatten, den sie vielmehr im Anfange gar nicht begreifen, noch einsehen können, warum er da sei und ihr schönes Bild verderbe? Er ist ihnen also in der Natur nicht: ihr Auge siehet, wie ihre Hand fühlet. Die Natur geht noch immer mit jedem einzelnen Menschen, wie sie mit dem ganzen Geschlecht ging, vom Fühlen zum Sehen, von der Plastik zur Piktur. Das wäre etwas, aber nicht Alles: denn was soll nun gebildet werden? Bäume, Pflanzen, Skorpionen, unsre Komplimente, unsre Kleider? Die Natur ist von uns gegangen, und hat sich verborgen, Kunst und Stände, und Mechanismus und Flickwerk sind da; die sind aber, dünkt mich, weder in Thon noch in Wachs zu bilden.

Gehe

Gehe man jetzt auf unsre Märkte, in unsre Kirchen und Gerichtsstäten, Besuchzimmer und Häuser, und wolle bilden. Bilden? was? Stühle oder Menschen? Reifröcke oder Handschuh? Federwische auf Köpfen oder Cerimonien? — Bilden? und wie? durch welchen Sinn? durchs Auge oder durch den Geruch? da ja kein Auge das Auge des Freundes, geschweige Wange die Wange, Mund den Mund, Hand die Hand kennet. In den Ritterzeiten verpanzerte man sich, um auf einander zu stechen; wozu thut mans jetzt?

Griechische Spiele, Griechische Tänze, Griechische Feste, Griechische Offenheit, Jugend und Freude, wo sind sie? wo können sie seyn? und wenn auch sogleich ein Serenissimus regens, etwa der Stifter eines neuen Griechenlandes, (so wie die fünfte Loge oben Paradies heißt) durch Edikte, schwarz auf weiß, und gar bey Trommelschlag sie allergnädigst anbefohlen? Stellet Griechische Statuen hin, daß jeder Hund an sie pisset, und ihr könnt dem Sklaven, der sie täglich vorbeigeht, dem Esel, der seine Bürde schleppt, kein Gefühl geben, zu merken, daß sie da sei und er ihr gleich werde. So habt ihr also doch einen Zaunpfal hingesetzt, an den er sich lehne und etwa seinen geschundenen Rücken reibe! An einem berühmten Orte Deutschlands ist der Paradeplatz mit Statuen umgeben, Griechische Helden, mit neuem spitzen Knie und der Trummel; ich weiß nicht, warum die Kamaschen und die Grenadiermütze und das präsentirte Gewehr und der Kommißrock fehlen? Sonst halte ich's für treflich, jeder Schildwache Statuen vorzusetzen: das Geschöpf hat Zeit, an ihnen Apollo und Jupiter zu werden.

O des erstickenden edlen Dampfs, den manche neue Griechenländer ihren kargen Besoldern ums Taglohn darbringen! Als obs nicht mit Händen zu fassen wäre, daß in niemand der Geist des andern übergehen kann, der mit ihm nichts gemeinschaftliches hat, so wenig als leben in den Stein und Blut in die Pflanze? Jeder Jüngling, der vor'm Griechischen Heroen stand, hatte in den schönen Zeiten Griechenlands Weg und Hoffnung seine Statue zu erhalten. Götter und Helden waren alle aus ihrem Geschlecht, ihre Vorfahren, ihres Gleichen. Ein Spiel, ein Kampf konnte den Jüngling neben ihn stellen und der Künstler arbeitete so dann für seine Stadt, für sein Volk, für den ganzen Griechennamen. So sang Pindar und setzte seinen Gesang über Statuenlob und Schöne. So sahen, so hörten die Griechen den Künstler und den Dichter, und wie sehen, wie hören wir? Es ist wundersam, wie selten uns nur ein Mensch

erscheint,

erscheint, und wie noch seltner Mensch einen
Menschen umfasset, und ihn so lieb gewinnt, daß
er ihn mit sich trage und ihn der Ewigkeit gebe.
In einem berühmten Garten sind die National-
produkte, Alongeperücken, ich glaube mit Pan-
zern, in Töpferton gebildet — ohne Zweifel, das
wahreste Gebilde des Landes.

Doch wozu weiter die unnützen Klagen, die
doch auch kein Griechenland schaffen werden? lieber zur lieben Schönheitslinie zurück, die ja
ganz unter unsern fühlbaren Formen zu verschwinden schien. — Mit nichten verschwand sie, hier
eben finden wir sie wahr und körperlich wieder.
Mathematik ist die wahrste Wissenschaft, nur
durch Physik wird sie lebendig, so wie Zahl nur
in Dingen, die gezählet werden, da ist. Und
wenn es allerdings einen Mathematischen Grund
geben muß, warum die Schönheitslinie schön ist,
wie doppelt angenehm wird es seyn, den abstrakten Grund in jeder konkretesten Form bestätigt
zu sehen.

* * *

Die gerade Linie nähmlich ist die Linie der
Vestigkeit, das sagt uns Sinn und Auge. Ein
Theil ruhet auf dem andern, hängt am andern,
unterstützt und wird unterstützt: so wohl senk = als
waagerecht hat die Natur daher, wo sie Vestigkeit

keit nöthig hatte, diese Linie gewählet. So wächst der Baum im Stamme, und ruhet verjüngt auf sich selbst: das Vorbild der Vestigkeit und der schönen Säule. So liegt, wo Base nöthig war, Stein, Erde und selbst das Meer, in Gleiche. So ist auch beim Menschlichen Körper, wo Basis nöthig war, Fußsole: wo erhabne Vestigkeit seyn sollte, gerader Stand an Fuß, Schenkel, Hals, Arm und Händen. Nichts sieht übler, als ein gebeugter Baum, oder eine krumme Säule: auch die Hand des Blinden will sie aufrichten: denn sie ist gefallen und kann zerschmettern. So ist auch ein krummer Hals, krummer Rücken und krumme Beine gerade das, was in der Menschlichen Gestalt den Eindruck des vesten Standes und der einfachen Erhabenheit am meisten mindert. Der Haupttheil unsers Gesichts, der vortritt und die ganze Form desselben bildet, ist eine gerade Linie, die Nase, und die Schiefheit derselben macht einen lächerlichen Eindruck. Man kann zu einem Gesicht mit schiefer Nase fast nicht reden. —

Die Linie der Vollkommenheit ist der Kreis, wo Alles aus Einem Mittelpunkt stralet und in ihn zurückfällt, wo kein Punkt dem andern gleich ist und doch Alles zu Einem Kreise wallet. Wo es anging, hat die Natur die Linie der Richtigkeit mit dem Kreise der Vollkommenheit umwunden.

wunden. So verjüngte sie Pflanzen und Bäume: so stralt die vollkommene Sonne, und es wölbt sich der umfassende Himmel, und der Tropfe rundet sich, wie die Erde u. f. — So hat sie auch am Körper die Linie der Vestigkeit mit Rundheit umkleidet: Arm und Beine, Finger und Hals zusammt dem Himmel, den er trägt, sind gerundet: jeder Bruch, jede Ecke und Winkel dieser Theile sind unerträglich).

Da aber die Gefäße hienieden der Vollkommenheit nicht fähig sind, und die Linie der richtigen Nothdurft sie immer überwältigend zu sich ziehet, siehe, so ward, wie im Weltgebäude durch den Streit zweier Kräfte die Ellypse ward, in der sich die Planeten, so hier die Linie der Schönheit, in der sich die Formen der Körper winden. Sie entstand, wie bei Plato die Liebe von Bedürfniß und Ueberfluß, aus der geraden Linie und Rundheit. Der Cirkel war für uns zu voll, nicht zu umschauen, nicht zu umfassen; die gerade Linie zu dürftig, um den vielseitigen Organismus zu geben, zu dem unser Körper da seyn sollte. Sie schwebt also und neigt sich, damit dies oder jenes überwiege. In der vesten Brust, im vesten Rücken wenig Krümme, nur Wölbung: dieser ist Mauer und Stütze, jene Panzer. Der Unterleib, beim Weibe der Busen, die Glieder der Schwachheit wurden mit

Weiche

Weiche und dem Anschein der Vollkommenheit bekleidet. Nur aber ists Anschein: denn ein Kugelbauch, wie ein Kugelkopf und Kugelwade, sind überfüllte Auswüchse, in ihnen selbst der Keim der Zerstörung.

Woher dies letzte? Ich wiederhole, weil das Menschliche Gefäß keiner Vollkommenheit und also auch keines Zeichens derselben fähig ist: denn Vollkommenheit ist Ruhe, sie aber soll würken, streben. Die Kugelbäuche und Kugelköpfe mögen viel Behaglichkeit, Satte und Allgnugsamkeit in sich haben; zum Fortschwunge im Ganzen sind sie um so minder: sie tragen über und vor sich ihren eignen Atlas. Wie das Licht emporwallet in der Flamme und das Meer aus seiner Ruhe in Wellen läuft, und die Sonne selbst im Thierkreise den Erdkreis schlingend umwindet: so wird beim Menschlichen Geschöpf nur durch Bewegung Reiz, und in Linien, Formen und Thaten ist Reiz nichts als Schöne in Bewegung. Sie entfernt sich von der Linie der Nothdurft, die ihr doch Basis bleiben muß, und wallet zur Vollkommenheit hin, ohne sich in sie zu versenken. Zwischen diesen beiden Aeußersten schwebt das Menschengeschlecht und seine beiden Geschlechte: der Mann auch in seinem Stande der Linie der vesten Richtigkeit näher, das Weib mit schwebender Schönheit, die Reiz ist, bekleidet.

Ist

Ist also kein Reiz ohne Bewegung; so zeigt diese, die Morgenröthe zur Handlung abermals und selbst dem dunkeltastenden Sinne: woher nur die anbrechende oder gemäßigte Leidenschaft und Handlung Reiz verleihe? In diesem Schweben nähmlich allein ist sie zwischen den beiden Aeußersten, Nacht und Sonne, zwischen Steife und übergiessender Fülle. Man berühre jedes Glied in seinem höchsten Tone, wie kurz ists zu ertragen! Die emporgezogne Stirn und das grinsende Lieblächeln, das die Augen schließt und den Mund verzerret, ein sich zum Kropf senkendes Kinn und die sich zur Tonne brüstende Brust, und der überstreckte spitze Arm und der zu scharf angestrengte oder verworfene Fuß — man taste alle diese Glieder, und man wird Mechanisch, wie geistig, das Abweichen von aller schönen Form und Handlung fühlen. Ein schreiender Mund ist der fühlenden Hand eine Höle: das Lachen der Wange eine Runzel. Die ewigen Gesetze der menschlichen Schönheit sind also Metaphysisch und Physisch, Moralisch und Plastisch völlig dieselbe. Ein Mensch im Morgen des Jahrs wie des Lebens, im Frühlinge der Bewegung wie der Handlung, ist immer Ein analoges Geschöpf, die schöne Mitte zweier Extreme. Der Schwan, der sich um die Leda schlingt, und Leda, wie sie ihm zuwallet, Danae, wie sie

den

den Regen erwartet, nicht wie beide von beiden die Frucht zeigen, bilden Linien des Reizes. Für ihr theuerstes Bedürfniß sparte die Natur also ihre reichsten Schätze auf, und wie jener heilige Schriftsteller sagt, die Glieder der Unehre schmücket man am meisten. Ich habe noch Ein Wort über das, was Stand oder Fall des Körpers ist, zu sagen. Allen steht der Kopf auf Schultern; aber nicht allen steht er darauf gleich. Bei allen ist im Mittelpunkt der Schwerpunkt, aber gewiß fällt bei allen das Gliedergebäu nicht gleich auf denselben. Wir stehn alle auf den Füßen; großer Unterschied aber, wie der Körper auf sie fällt, auf ihnen ruhet, wie sich der Fußtritt drückt. Dieser ganze Stand und Fall des Körpers ist ungemein bedeutend. Er zeigt ganz natürlich, die Glieder, die hervortreten oder sich verbergen, die wie von Natur und unwillkühr-lich gleichsam zuerst sprechen, oder die da schwei-gen, als wären sie gar nicht. Hiernach bestimmt sich der Gang des Menschen, der für Physiogno-misten und Antiphysiognomisten so karakteristisch ist: hiernach, wie ein Mensch auftritt und sich zeigt, oder sitzt und ruhet. An Göttern und Faunen, Helden und Satyren, bewiesen auch hierinn die alten Künstler unendlich feine Cha-rakterkenntniß, wie weitläuftig gezeigt werden könnte. Ueberhaupt ist nichts untrüglicher, als

was

was vom ganzen Körper spricht, wenn es sogar dem Gefühl redet. An einzelnen Theilen kann man sich irren, aber die Stimme des Allgemeinen ist auch hier Gottes Stimme. Sie wapnet uns gegen Traum und Deutelei, insonderheit gegen das partheiische Hangen an Einer Form, an Einem Zuge, das uns so weit wegbringen kann von Wahrheit. Das bescheidene Gefühl tastet langsam, aber unpartheiisch: es findet vielleicht wenig, aber was da ist. Es urtheilt nicht, bis es ganz erfaßt hat.

Es ist wunderbar, welchen Blick hierinn, wie in Allem, die beiden Geschlechter gegen einander haben, wie tief der Mann das Weib und das Weib den Mann kennet. Jedes kann seinem Geschlechte Unrecht thun und thut ihm oft, nicht eben aus Neid, Unrecht; aber sein Urtheil über das Andre ist, wo es nicht Leidenschaft verblendet, sondern Leidenschaft wapnet, wunderbar strenge. Die Liebe holt das wahre Ideal, den Engel; Haß, den Teufel aus uns hervor, der in uns liegt, und den wir oft selbst nicht zu sehen oder zu finden vermögen. Die Ursache ist klar. Zum allgemein Menschlichen Gefühle kam noch ein Geschlechtsgefühl hinzu, das wir ja auch bei den erhabensten Urtheilen über das, was Mensch ist, nicht ganz verläugnen. Der Mann muß immer, er mag dichten oder regieren, Menschen oder Statuen

Statuen schaffen, als Mann, das Weib immer als Weib fühlen.

Endlich kann ich nicht umhin, noch mit Einem Laute die Symmetrie zu preisen, die sich, auch selbst dem dunkelsten Sinne schon, am Menschlichen Körper leicht und herrlich offenbaret. Die Natur wählte immer das leichteste Verhältniß, Eins und Zwei: setzte sie über und gegen einander und immer die Glieder zusammen und in vertrauliche Nähe, die gemeinschaftlich sprechen sollten. Das edle Eine Haupt steht auf dem freien festen Halse zwischen zwo Schultern, als den Balken des Gliedervollen Gebäudes, das es beherrscht und übersiehet. Es hat die schöne Ovallinie zur Form und trägt das Angesicht vor sich. Wie das Haupt auf den Schultern, so ruhet im Angesichte die Stirn auf den beiden Bogen der Augenbrane, wie ein Gedankenhimmel allein und oben. Zwischen den Augenbranen tritt Seele und Stirn auf einen Punkt, und zu beiden Seiten wölbt sich der edelste Sinn, das Auge, abermals in der schönsten Linie der Ellypse. So steht die Nase und der Mund abermal zwischen zwei Blumengeländern, den Wangen, bis die Ellypse des Haupts sich mit dem vesten Kinne schließt — kurz, man kann sich mit den Sieben Buchstaben, die unser heiliges Antlitz bilden, keinen Stand und kein Verhältniß denken, was

leichter

leichter zu faſſen, zu ſammlen, zu ordnen wäre,
und zugleich ſo viel Mannichfaltigkeit und Ver-
ſchiedenheit darböte, als das ſchöne Zuſammen-
ſtralen und Abwechſeln

der Stirn
und der Augen,
der Naſe
und der Wangen,
des Mundes

endlich, der auf dem Kinne ruhet. Eins unter-
ſtützt, hebt, trägt das andre, faſt wirds dem ta-
ſtenden Gefühle ſchon, was es durchs Licht dem
Auge ſo unendlich mehr iſt, Antlitz. Offenbar
nach eben dem Bau und den Gliedern derſelben
Verhältniß iſt der ganze Körper gebildet: daher
die Wilden ſich abermals auf Bruſt und Knie
ein Menſchenantlitz mahlen. Die beiden War-
zen der Bruſt über dem Nabel, der Unterleib
über den Füßen, wie die Bruſt unter den Fittigen
der Arme, ſind Ein Verhältniß: jedes gehört zum
andern, als Eins oder Paar, und ſpricht zu und
mit ihm, was es ſprechen ſoll. Die Anzahl und
Bildung der Finger, die wir aus einem halben
Kreiſe geſchnitten, in einer Ordnung, die nicht
vermehrt und vermindert, nicht verſetzt noch ver-
ſtümmelt werden kann, daſtehn, beſtätigt daſſelbe;
kurz, überall eine einfache und harmoniſche Weisheit, die in und für uns gefühlt, gemeſſen, geordnet,

net, Umfang und Fülle beschränkt hat. Sie goß die Seele in ein tausendfach organisirtes aber sehr einfach begränztes, leicht zu umfassendes Maas, und machte Punkte der Vereinigung, wo und wie oft, und auf wie zarterer Stelle sie sie machen konnte. So findet Auge das Auge, so drückt sich Mund an Mund und Brust an Brust, und blickt und saugt in sich Othem der Liebe. Man verrücke die Züge des Gesichts, man verpflanze und wechsle Glieder; mit und ohne Auge muß man grausen, wie immer die kleinste Mißbildung zeiget. Was wir in der Optik und in den anordnenden Künsten überhaupt von feinen Gesetzen des Wohlstandes und der Wohlgestalt des Eben= und Unebenmaaßes entdecken werden, findet sein größtes Vorbild in dem edeln Werke, das überall, wie es scheint, der großen Mutter Liebling und Augenmerk war, in der Menschengestalt und Menschenschöne.

Fünfter

Fünfter Abschnitt.

Ich fragte eine Blindgebohrne *): "welcher "Tisch, welches Gefäß ihr lieber sei? "das eckige oder runde"? Sie antwortete: das Runde, den dies sei sanft und wohl zu fassen, und am runden Tisch stoße man sich nicht. Vielleicht ist dies Alles, was über die Linie der Schönheit so simpel gesagt werden kann. "Warum ein runder Arm, eine schlanke Taille "ihr wohlgefiele"? weil sie gesund, rege und leicht ist. Gespenst stellte sie sich als einen kalten Hauch vor, der sie verfolge, und Lieblichkeit suchte sie in schöner vester Stimme, Zuthulichkeit, gefälligem Duft und sanfter Wärme: gerade wie Saunderson und andre Beispiele. Ich reichte ihr eine Statue, sie kannte und nannte jeden Theil und fand ihn gut; als sie ans Kleid kam, stutzte sie und wußte nicht, was es sei: denn es war die erste Statue, die sie faßte. — Sonst machte sie mein Stand zu furchtsam, und die Entfernung ihres Orts, versagte mir weitere Nachforschung. Sie hatte in ihrer Sprache alle Ausdrücke des Sin-

*) Im Jahr 1770.

Sinnes, den sie nicht besaß, nur sie verstand keinen: es war aufgeschnapptes Papageienwesen, wie ein großer Theil der Sprache bei uns Menschen mit fünf Sinnen immer fort ist. Uebrigens halte ich Mängel von dieser Art für die einzige sicherste Quelle, unsre Sprache und Begriffe der so verflochtnen Sinnlichkeit zu scheiden und jedem Sinne wiederzugeben, was sein ist. Wenn je eine praktische Vernunftlehre, ein philosophisches Lexicon der Sprache, Sinne und schönen Künste geschrieben wird, wo jedes Wort, jeder Begriff seinen Ursprung finde, und wo den Gängen nachgespürt werde, wie er sich von Sinn zu Sinn, von Sinn zu Seele übertrage? so, dünkt mich, müssen Versuche der Art Leitfaden seyn, oder alles bleibt Labyrinth und Vernunftgewäsche, wie es jetzt ist.

In diesem Buche ist über Einen Sinn, und aus Einer Kunst und Klasse von Begriffen eine kleine Anfangsprobe. Honny soit qui mal y pense, und der, was aufrichtiges Tappen nach Wahrheit, Richtigkeit, Einfalt war, was züchtiges Gefühl bedeutungsvoller Formen der Schöpfung Gottes und nicht Unzuchtbegriffe wecken sollte, mit Anmerkungen eines Gecken, oder Anwendungen eines Buben entehret. Das Beste kann zuerst gemißbraucht werden, eben weil an ihm etwas zu mißbrauchen ist; ja die Wahrheit, die

die nicht auf der Gasse liegt, muß sich eben vom Sprachgebrauch manchmal entfernen. Nur ists noch keinem Astronom eingefallen, seine Theorie vom Weltsystem deßhalb zu ändern, weil der Sprachgebrauch anders redet. Kann ers erklären, warum der so reden mußte? so ist Alles gethan und seine Gründe gelten. Ists ein Metaphysisch- und Physisch erwiesener Satz, „daß nur „körperliches Gefühl uns Formen gebe„, so müssen die Ableitungen desselben in jeder Kunst und Wissenschaft wahr seyn, gesetzt, daß sie auch nicht so manche neue Berichtigung und Erläuterung gäben, als, mich dünkt, diese der Bemerkung erfahrnerer Forscher gewiß noch geben können. Versuche es der Schüler der Kunst, und wo seinem Gesicht in der Form etwas dunkel, widersinnig und zweifelhaft scheinet, oder wo er zu flattern und überhin zu gleiten befürchtet: er versuche und lege den Finger seines innern Sinnes an, um nach Gestalt des Geistes in dieser Form zu tappen, wo er nicht erkennen konnte: ist seine Seele rein und still und sein Sinn zart, so wird er bald Aufschluß des untrüglichen stummen Orakels hören und seine Hand wird, wie von selbst, streben, nachzubilden, was er erfaßt hat.

*

Ich könnte meinen Satz durch die Geschichte der Kunst führen und über das Wort Plastik

und

und Toreutik, über αγαλμα und signum, τορευμα und caelaturam, βαιτυλια, ξοανα, βρετη u. s. f. treflich metagrabolisiren. Ich könnte zeigen, daß die Bildhauerkunst überall nur so habe entstehen können, wie sie bei unsern Kindern entsteht, in deren Händen sich Wachs, Brot, Ton selbst bildet: zeigen, daß die Griechen in ihren Modellen dem Ursprunge der Kunst treu blieben, so fern sie ihm treu bleiben mußten, und daß die Methode zu modelliren, die Michael Angelo gebrauchte und Winkelmann so sehr rühmet *), nichts als das sei, wovon wir reden. Nämlich „das jeder Form und Beugung sich sanft an„schleichende und anplätschernde Wasser wird „dem Auge des bildenden Künstlers der zarteste „Finger„, der durch den Wiederschein gleichsam an mehrerer Runde, schwebendem Zauber und Lieblichkeit viel gewinnet. Ich könnte sagen, daß die so natürliche Vielförmigkeit der Griechischen Bilde, da jeder Muskel schwebt, da nichts Tafel wird und keine Seite, keine Viertheilseite des Gesichts, wie die andre, folglich auch nie durch Kupferstiche, Zeichnungen, Gemählde darzustellen oder zu ersetzen ist, uns Zug für Zug und fast unwillkührlich auf jede weiche Stelle, jede zarte Form tastend ziehe u. dergl. Wozu

a) Gedanken über die Nachahmung. S. 28. f.

Wozu aber Alles, was sich, wenn mein Satz wahr ist, jeder selbst sagen kann und wird.

* *

Ich schließe mit einigen allgemeinen Anmerkungen über mißverstandne, folglich scharfbestrittene Gegenden der Kunstgeschichte.

1. Die bildende Kunst, sobald sie Kunst wird und sich von signis, d. i. religiösen Zeichen und Denkmahlen, Klötzen, Hölzern, Steinhaufen, Pfeilern, Säulen entfernt, muß nothwendig zuerst ins Große, Erhabene und Ueberspannte gehen, was Schauer und Ehrfurcht, nicht Liebe und Mitgefühl erreget. Bei Kindern, Blinden, und Sehendwerdenden ists noch also, und wird, was auch die Philosophie predige, immer also bleiben. Jener Blindgewesene sah Menschen, als sähe er Bäume: Cheseldens Blindem lagen alle Figuren als eine ungeheure Bildertafel sich bewegend dicht vorm Auge: aller erste Anblick und Eindruck, den Kinder und Unerfahrne von einer Statue haben, ist gerade wie Dädals Säulen beschrieben werden. Ehrfurcht, die beinah Schrecken wird und Schauer, Gefühl, als ob sie wandelten und lebten, so gerade und viereckt sie dem Auge des Künstlers dastehn mögen, sind die ersten Eindrücke der Kunst, zumal bei einem halbwilden, d. i. noch ganz le-

bendigen, nur Bewegung und Gefühl ahndenden Volke. Bei allen Wilden oder Halbwilden sind daher die Statuen belebt, Dämonisch, voll Gottheit und Geistes, zumal wenn sie in Stille, in heiliger Dämmerung angebetet werden, und man ihre Stimme und Antwort erwartet. Noch jetzt wandelt uns ein Gefühl der Art an in jedem stillen Museum oder Coliseum voll Götter und Helden: unvermerkt, wenn man unter ihnen allein ist und wie voll Andacht an sie gehet, beleben sie sich, und man ist auf ihrem Grunde in die Zeiten gerückt, da sie noch lebten und das Alles Wahrheit war, was jetzt als Mythologie und Statue dastehet. Der Gott Israels wußte sein sinnliches Volk vor Bildern und Statuen nicht gnug zu bewahren: war das Bild da, so war auch seinen Sinnen der Dämon da, ders belebte, und die Abgötterei unvermeidlich. Wir Vernunftleute lesen jetzt die eifrigen und beweisenden Stellen der Propheten gegen die Abgötterei mit Verwunderung und fast mit Befremden; die Geschichte des Volks aber und aller Völker beweisets, wie nöthig sie waren. Nichts hält die Sinnlichkeit stärker an sich, als ein Abgott, er sei lebendig oder todt, gnug, daß er da ist und man zu ihm gehen kann und von ihm Glück und Unglück erwarten. „Er hört ja unsre Gebete, er „nahm ja unsre Opfer an: warum sollts nicht sein „gewe=

"gewesen seyn, was uns auf unser Gebet ward. "Es ward uns ja auf dasselbe, und ungezweifelt "hat Er, Baal, es uns gegeben„. Daher auch die übeln Begegnungen der Heiden gegen die Bildsäulen ihrer Götter, die uns jetzt nicht minder befremden. Kinder, Menschen in Wuth und Leidenschaft machens noch jetzt also, und die Sinnlichkeit machts nie anders. Sie schlagen die Puppe und behandeln sie als lebendig. unglücklich Liebende, zumal Weiber, zerschlagen das Geschenk des Untreuen oder rächen sich an Papier, Boten, Stelle und Denkmahl. Wenn Nordländer die Bildsäulen Italiens zerschlugen, so schimpfen wir sie Barbaren: als solche aber konnten sie auch nicht anders. Ihre Augen sahen den Dämon in ihnen, und also musten sie anbeten oder zerschmettern. Hätten sie Jahrhunderte bei ihnen gewohnt, würde, wie es die Geschichte Italiens zeigt, ihr überspanntes hohes Gefühl sich Zeit genung in Kunst, Kunst in Geschmack, Geschmack in Eckel und Vernachläßigung aufgelöst haben.

Dies ist auch die Geschichte der Kunst bei allen Völkern. Vom Himmel entsprang sie: Ehrfurcht, Liebe, ein Funke der Götter brachte sie hinunter, schuf ihr irrdische Form an, und erhielt sie einige, wiewohl kurze Zeit lebend. Nun ward sie Abgötterei, sodann Kunst, sodann

dann Handwerk, und endlich, die Grundsuppe von Allem, Kennerei, Trödelkram und Kunstgewäsche. Die Dädalus und Phidias gehen vor, die Praxiteles, Myrons und Lysippe folgen; sodann wirds Nachklang oder Nachschmack oder noch etwas Aergers. Niemals gelingts uns hier, die Zeiten umzukehren, und es ist thöricht, die Dädale in Lysippen umschaffen zu wollen. Sind jene erst da, so werden diese kommen, denn ohne jene konnten diese nicht werden. Die gerade Linie bleibt immer die erste und Hauptlinie, um die sich der Reiz nur schwinget.

2. Kolossalische Figuren sind der bildenden Kunst nicht fremde und unnatürlich, sondern vielmehr gerade ihr eigen, ihres Ursprungs und Wesens. Die Bildsäule steht in keinem Lichte, sie gibt sich selbst Licht; in keinem Raume, sie gibt sich selbst Raum. Folglich sollte man sie hier mit der Mahlerei auch nur nicht vergleichen, die ja auf der Fläche, auf einer gegebnen, übersehbaren Lichttafel, und ja alles nur aus Einem Gesichtspunkt schildert. Die bildende Kunst hat keinen Gesichtspunkt: sie ertastet sich Alles Glieder- und Formenweise im Dunkel; gleich viel also, ob sie etwas langsamer und länger taste. Ja nicht blos gleich viel; sondern der Eindruck von Größe, Ehrfurcht, und unüber=

unübersehbarer, nur von außen und gleichsam nie ganz zu ertastender Gestalt ist ja das eigentliche Bild ihrer Götter und Herren, wie es sich nachher nicht die Hand, sondern der Geist, die erschütterte, durchregte Einbildungskraft sammlet. Alles Unendliche dünkt uns erhaben, und jedes Erhabne muß gewissermaaße Unendlichkeit, ein Nachbild jener Erscheinung gewähren, „da der Geist vorbei ging, und die „Haare graueten, ein Bild stand dem Schauen„den vor Augen, und er kannte dessen Gestalt nicht „und hörte eine Stimme„,. Bramma verlangte das Haupt des höchsten Gottes Jrora zu sehen, und flog so hoch er konnte. Da begegneten ihm drei Blumen von Jroras Haupt und fragten ihn, wohin er wollte? Er sagte, daß er gehe, Jroras Haupt zu sehen, und die Blumen antworteten ihm: mache dir keine vergebliche Mühe, denn ob wir wohl noch dreimal so lang geflogen wären, von der Stunde an da wir von Jroras Haupt niederfuhren, so würden wir nicht so weit seyn, daß wir seine Füße sehen möchten. Und Bramma ließ ab und bat die Blumen, Jrora zu sagen, wie ihn schwindle, höher zu fliegen. Vistnum begehrte seine Füße zu sehen und grub so tief in die Erde, bis er zur großen Schlange des Abgrunds kam und Schreckenvoll zurückkehren muste, und also beide Götter mit lauter Stimme bekannten, daß niemand sei, der sein Haupt und Füße zu sehen vermöge. —— So erzählt Indien, und konnte nun Griechenland seinen Jupiter anders als Kolossalisch bilden, wenn, so weit es die Form zuließ, er nur einigermaaßen die Idee des Unendlichen erwecken sollte? Als Phidias also hinaufgerückt ward, Jupiter zu sehen, kam aus seiner Seele das Bild dessen, den, ob er wohl in Tempeln thront, kein Tempel umfasset. Es war ein elender Spott, daß, wenn sein Jupiter aufstünde, sein Haupt die Decke des Tempels aufheben müsse: eben das war Phidias Gefühl und dunkler Gedanke. He above the rest, sagt Milton vom Helden seines Gedichts

>   In shape and gesture proudly eminent
>   Stand lixe a towr —

und alle Homerische und alle älteste Erzählungen von Göttern und Helden sind also. Der alte Künstler muste also das Gefühl haben und ausdrücken, oder es waren nicht die Götter mehr, und wenn es Lysippus selbst an seinem kleinen zierlichen Herkules, Einen Fuß hoch, ausdrückte, daß der begeisterte Statius schreiet:

>   —— Deus, ille Deus, seseque videndum
>   Indulsit, Lysippe, tibi, parvusque videri
>   Sentirique ingens, et cum mirabilis intra
>   Stet mensura pedem, tamen exclamare licebit

Si visus per membra feras: hoc pectora pressus
Vastator Nemaees —

und also Jnsippus Fußlange Figur in Statius Seele oder Munde Kolossus ward, ja, um Herkules zu seyn, es werden muste; welche Blume von Jrorens Haupt will es denn dem Künstler verbieten, statt Eines Einige Füße zu nehmen, wenn er damit dem umfassenden tastenden Auge höheres Gefühl gibt? Ueberhaupt dünkt uns alles größer, was unsre Hand tastet, als was das Auge schnell, wie der Blitz, auf einmal und nach täglicher Weise sieht. Die Hand tastet nie ganz, kann keine Form auf einmal fassen, als die Form der Ruhe und zusammengesenkter Vollkommenheit, die Kugel. Auf der ruhet auch sie und die Kugel in ihr; sonst aber, bei artikulirten Formen und am meisten im Gefühl eines Menschlichen Körpers, selbst wenn er das kleinste Crucifix wäre, ist sie nie ganz, nie zu Ende, sie tastet gewissermaaße immer unendlich. Das Kolossalische ist also ihrem Gefühl so nah und natürlich, als es dem Farbenbrett aus Einem Lichtpunkt fremd ist. Dies muß, und gewissermaaße auf Einmal, übersehen werden können, oder es steht überwältigend vor uns, eine Gigantische, abscheulichgezerrte, uns erdrückende Larvenmauer. — Rechnen wir nun noch hinzu, daß unsrer tastenden Hand das Leblose

lose größer dünkt, als das Belebte, wo jede Durchregung des Hauches der Seele uns Glieder und Unterschiede darstellt: (denn eine abgehauenkalte Hand dünkt unserm Gefühl und selbst unserm Auge größer, als da sie Glied am Körper war und Leben sie durchwallte). Und nehmen wir hiezu noch Dunkelheit und Nacht, in der der Sinn tastet, die langsam erfühlte Einheit und Unbezeichnung, die ein solches Bild verleihet, den Begrif von Macht und Fülle, langsamem und starkem Willen, der in dem Gebäu wohnet: so kann nicht blos, so muß gleichsam jeder hohe und starke Gott, jede Göttin der Erhabenheit und Ehrfurcht, unsrer Einbildung Kolossalisch und wenigstens übermenschlich werden über unsre Zwergengröße. Die bildende Kunst tritt hier in die Mitte zwischen Dichter und Mahler. Jener kennt gar keine Grenzen, als die ihm der Flug seiner Phantasie und die Schöpfersmacht, die in ihm wohnet, zeichnen. Sein Auge wie der unendliche Shakespear sagt:

> In a fine frenzy rolling
> Doth glance from heav'n to earth, from earth to heav'n,
> And as imagination bodies forth
> The forms of things unknown, the poets pen
> Turns them to shape and gives to aiery nothing
> A local habitation and a name .—

ja,

ja, was sonderbar ist, um die simpelste Kindeserzählung, nach Morgenländischer Art, wo alles ohne Beiwörter und Schönfärbung, in unendlicher Einfalt und schlichter Unbezeichnung dasteht, hat sie den meisten Spielraum. Der Mahler hat auch seine Unendlichkeit, aber nur Unendlichkeit eines Continuum, einer flachen Lichttafel. Er kann Himmel und Erde, Meilenweit hingeworfne Gegenden und Gebiete der Einbildung mahlen, aber keine Kolossalfiguren: denn Formen sind ihm aus einem fremden Sinne. Er muß sie darstellen, wie es der Rahm seines Bildes, die Gesetze der Lichtbrechung und Farbengabe, kurz sein Sinn und Medium fodern. Der Bildner steht im Dunkel der Nacht und ertastet sich Göttergestalten. Die Erzählungen der Dichter sind vor und in ihm: er fühlt Homers Minerva, die den gewaltigen Stein ergreift, an dem einst so viel Riesen der Vorzeit trugen: fühlt ihr gewaltiges Haupt, dessen Helm so viel Krieger birgt, als hundert Städte ins Feld zu stellen vermögen: fühlt den Schritt Neptuns, die Brust Alcides, den Wink der Augenbranen Jupiters; kann, was in diesem Gefühl aus seiner Hand kommt, klein oder kleinlich seyn? Jeder Raum ist ihm nun gleichgültig, wo er nur diese Formenschwangre Gefühle hinlegen oder ausdrücken kann. Sei Jupiter

Einer

Einer Elle oder sechs Ellen hoch; umfasset ihn nur sein Sinn und der Sinn des Schauenden in Majestät und Würde, das ist sein Raum und seine Grenze.

Eben dies innere Gefühl mißt ihm auch jede Spanne des Kolossus mit Weisheit des Eindrucks und Standorts zu, auf den er sein Werk richtet. Der Jüngling Apollo darf ein übermenschlich stolzes Gewächs seyn, aber kein Kolossus; denn er ist nicht Jupiter, und die Schlanke und Schnelligkeit seiner Glieder würde in einer Thurmgestalt erliegen. Was von einer Juno, oder der Mutter aller Götter gilt, gilt nicht von der lieblichen Aphrodite. — Unsägliche Weisheit, die die Griechen auch bei der Größe bewiesen, die sie jedem ihrer Himmels- und Erdengewächse zuwogen. Diese Weisheit spricht uns noch, da sie alle als kahle Mythologie und Akademische Wachparade dahin gepflanzt sind auf Einen Grund und Boden; und wie muß sie gesprochen haben, als jede Statue an ihrem Ort stand, in ihrer Höhe und heiligen Entfernung! Unter den Römern ging dies weise Gefühl verlohren: Flora oder ein Consul und Imperator konnte Kolossus werden, nachdem der Künstler Stein hatte oder der Imperator Metall aufwenden wollte. Die Kunst war unter ihnen Griechenhandwerk.

3. Und

3. Und endlich. Was hat die Allegorie mit der bildenden Kunst zu schaffen? Wie weit kann diese allegorisiren?

Die Frage ist sehr verwirret worden, weil man alle Künste, ja gar (horribile dictu!) alle Wissenschaften mit ihnen auf Einerlei Grunde betrachtet hat, ohne einzusehen, daß diese im Gebrauch keines Zwirnsfadens und keiner Nadelspitze Eins sind. Ueber Winkelmanns Werk, das die Allegorie im weitläuftigsten Sinne nimmt und, da es den ersten Anfang einer Rüstkammer für alle Künste des Schönen geben wollte, nothwendig so allgemein seyn muste, über dies Werk, sage ich, ist viel seltner und halbwahrer Tadel vorgebracht worden, durch den weder dem Künstler noch Weisen Gnüge geschiehet. Die Hauptfrage bleibt: was ist Allegorie? und was ist sie hier? Durch welche Mittel würkt, auf welchem Boden steht sie? und da ergibt sich, jede Kunst muß völlig ihre eigne haben, oder es gibt gar keine.

Jener weise Alte machte daher den Begriff der Allegorie so groß: sie bedeutet Eins durchs Andere, $\alpha\lambda o$ durch $\alpha\lambda o$. Wie sie das bedeute? von welcher Art das $\alpha\lambda o$ und $\alpha\lambda o$ sei? das kann nicht die allgemeine Theorie, das muß Stand, Absicht, Kunst, kurz der einzelne, hier bestimmte Gebrauch lehren.

Ich

Ich kann sagen, daß bildende Kunst eine beständige Allegorie sei, denn sie bildet Seele durch Körper, und zwei größere αλλα kanns wohl nicht geben, insonderheit wenn man die Philosophen der Gelegenheit und der prästabilirten Harmonie um Rath frägt. Der Künstler hat das Vorbild von Geist, Charakter, Seele in sich und schafft diesem Fleisch und Gebein: er allegorisirt also durch alle Glieder. Verhältniß ist ihm nur das Nichtohne, die Bedingung, nie aber das Wesen seiner Kunst oder die Ursache ihrer Würkung. Dies ist Seele, die sich Form schafft, und wo beide, Form und Seele, vom Verhältniß gelinde abzuweichen befehlen, kann er nicht blos, sondern muß abweichen, wie bei Apollo's längern Schenkeln, bei Herkules dickerm Halse, u. s. Ueberhaupt Verhältniß in der Kunst zum Hauptwerk machen, und für Antinous und Mars, Jupiter und den Faun Ein und dasselbe festsetzen, heißt, jedem Perioden und Gliede einer Allegorie Ein Maas vorschreiben, oder aus der Algebra Musik komponiren. Leibhafte Form ist der Tempel und Geist die Gottheit, die ihn durchhauchet: da nun nicht jeder Gott und jeder Tempel gleicher Art ist, so können bis auf jedes Winkelchen in ihm unmöglich dieselbe Verhältnisse gelten. —

Und

Und hier ists abermal besonders, daß, je weniger ein Glied Antheil an Geist, insonderheit an Bewegung und Leben hat, desto mehr ist sein Verhältniß bestimmt, und darf nicht abgeändert werden. So ists z. B. mit dem Unterleibe: verlängert oder verkürzt ihn, er wird gleich unförmlich. Aber in den Gliedern, wo Rege, Leben, Bewegung spricht und jetzt dies Glied vorspricht, da muß der Geist, der überm Künstler schwebt, ihm im feinsten Schwunge der Form allein Auskunft geben. Es ist gebildete Allegorie eines geistigen Sinnes, der sich hier in den Stein senkte.

So kann man von der bildenden Allegorie sprechen; allein ich begreife sehr wohl, daß das nur uneigentlich gesprochen heißt, weil wir, die so wenig im Gefühl der Plastik leben, dem Worte Allegorie gerade die Bedeutung gegeben haben, die nicht in ihr, sondern in andern, leichtern Künsten und Wissenschaften vorkommt. Und in deren Sinne kann jene freilich nicht allegorisiren. Bloßen Witz, eine feine Beziehung zwischen zweien Begriffen, oder das Abstraktum eines fliegenden Dufts und eines verfliegenden Schmetterlings in den Stein zu senken, und denselben daraus wiederum zu ertasten; dazu ist der Stein zu schwer und die Hand zu grob, und die Arbeit lohnt nicht der Mühe.

J Mögen

Mögen andre Künste dies bemerken und insonderheit der Hauch, die Rede, den flüchtigen Schmetterling von Witz und Abstraktion haschen; die Statue ist dazu zu Wahr, zu Ganz, zu sehr Eins, zu Heilig.

Die bildende Natur hasset Abstracta: sie gab nie Einem Alles und jedem das Seinige auf die feineste Weise. Die bildende Kunst, die ihr nacheifert, muß es auch thun, oder sie ist ihres Namens nicht werth. Sie bildet nicht Abstrakta, sondern Personen; jetzt die Person, in dem Charakter, und den Charakter in jedem Gliede und in Ort und Stellung als ob sie nur der Zauberstab berührt und lebend in Stein gesenkt hätte. Es ist nicht die abstrakte Liebe, die dasteht, sondern der Gott, die Göttin der Liebe: nicht die Frau Gottheit und die Jungfrau Tugend, sondern Minerva, Juno, Venus, Apollo und wie die höchstbestimmten Namen, Gebilde und Personen ferner lauten. Dem müßigen Kopf, der den Redner, den Dichter, den Mahler allegorisirt, kann ichs vergeben; der mir aber hier bei der Bildsäule, wo im höchsten Grad alles substanziell, wahr und bestimmt ist, Fledermäuse hascht, die nicht Kunst sind noch Dichtkunst, weder Seele noch Körper; dem mags von den allegorisirten Göttern selbst vergeben werden.

Wenn

Wenn Eine Kunst uns bei Substanz und Würklichkeit vestzuhalten vermag, ists diese: und wird sie Gespenst, was sollte nicht Gespenst werden? Der alte Künstler konnte Verschiedenes an Verschiednem studiren (und nur einem Neuern hats fremde gedünkt, wie er so etwas konnte und muste?). Aber wenn er nun schuf, so ward das Verschiedene ein Eins, mit Haltung und Seele aus seiner Seele. Er sprach zum Felsen: wandle, sei die Person, lebe. So sah alle Abgötterei die Kunst an. Der einzelne bestimmte Gott war gegenwärtig und hörte. So nannten die Griechen die Statuen. Es war nicht mehr Apollo allgemein, geschweige die liebe Sonne, oder die personificirte Dichtkunst; es war der Apollo, Smintheus, Delius, Pythius, Αγρευς, wie es Ort und Attribut sagte. Diese Attribute waren so wenig Allegorie (wie wir nach der Poetik das Wort nehmen), als Herkules Käule oder die Nase unsers Angesichts; historische, individuelle Kennzeichen warens, diesen Gott und jetzt und hier zu bezeichnen. Sie bedeuteten, aber keine Abstraktion; ein Individuum deuteten sie an, wie's ohne Schrift angedeutet werden konnte. Man gehe die Statuen der Götter und die aus ihnen gesammleten Allegorien durch; man wird sie sämmtlich dieser Art finden.

Es ist hier nicht der Ort, zu untersuchen, ob und wie die Griechen ihre Bildnerei von einem fremden Volk erhielten? sondern was sie aus ihr machten und wozu sie, da sich die Kunst formte, dieselbe geschaffen glaubten? Jupiters drittes Auge vor der Stirn blieb in den Zeiten der Kunst weg, denn es war ein Allegorisches und kein natürliches Auge. Die Gestalt selbst muste Jupiter seyn: das übrige konnte Dichter, Priester oder jeder dazu sagen, ders wollte.

Wenn also die Ausleger und Zeichendeuter mit Deutung der Attribute so fein und reich sind: so lasse ichs zwar als Witz und Poem gelten; zweifle aber, ob der Griechische Künstler oder Priester oder Anbeter das dabei dachten? Es war meistens ein historischer Umstand, der dem Gott einen eignen Namen gab und den nun dies eigne Attribut bezeichnen sollte. „Du bist „nicht Jupiter, du, sondern mein, unser Jupiter, der du da warst„! also eigentlich ein Abgott. Je feiner meistens die Auslegung der Allegorie, desto unwahrer. —

Freilich war um einen Gott und Helden so leicht nichts, was nicht Gedanken erweckte, und bei den Griechen warens treffende, natürliche Gedanken; nur nicht aus Abstrakten, nicht aus gedichteter Allegorie, sondern aus Umstän=

ständen der Geschichte. Der Charakter des Gottes und Helden (Allegorie genug) war dem Künstler gegeben: den drückte er aus, das übrige war ihm Unterstützung und Aufklärung desselben, oder historische, Lokal= und Tempeldeutung.

„So war denn den Griechen die Allegorie „zuwider„„? Nichts minder, sie war nur nicht überall ihr Hauptwerk. Der Grieche fühlte es zu gut, daß, um Allegorische Personen tanzen zu lassen, man kein Theater bauen, kein Epos dichten und keinen Marmorfels aushölen dörfe. Er fühlte es zu gut, daß, wenn eine Allegorie schön und lieb seyn soll, müste sie klein, simpel, schmal umründet werden, ein Edelstein im Ringe — kurz nicht den Koloſſus, sondern die Gemme, die Münze, die Urne, das Bas=relief widmete man ihr, und da war sie an Stelle.

Gibt mir die Göttin Tyche (denn es ist billig, daß ich über die Allegorie auch allegorisire) gibt sie mir Muße und Lust und Liebe, die mehr als Muße ist, meine Flicke hingeworfner Gedanken über die Anaglyphik zu sammeln; ich freue mich, wenn ich an die Stunden denke, die mir die simpelste Gruppe der Welt, die Griechische Allegorie, einst verlieh. Da werden wir Griechengeist in der niedlichsten Bilderſprache entdecken; hier, befürchte ich, ists zu früh. Ein Jupiter, Herkules und Apollo, ein Laokoon und Alexander sind zu große oder zu bestimmte Wesen als daß Allegorie sie umflattern sollte. Was Hand und Geist an ihnen erfasset, ist Allegorie gnug, d. i. Sinn und Geist eines gegenwärtigen himmlischen Wesens. Sie waren auf bestimmte Tradition und Kindesgeschichte gebauet; die zu bestimmen, wo sie wankte, sie auf Einem Punkt Persönlichen Daseyns vestzuhalten, war des Künstlers Werk; nicht sie mit Allegorie zu behängen und in Luft zu verduften.

Statt dessen trete man an eine in Stein gehauene Tugend, die Dame Gerechtigkeit etwa oder die Jungfrau Frömmigkeit, Liebe u. d. gl. was hat man an ihnen? Nichts! Eine in Stein gehauene Seifenblase. Was ich bei ihren Attributen denken soll, weiß ich etwa; aber bei ihnen selbst? daß sie liebe gute Damen sind, die ein Wort, eine abstrakte Redart hervorbrachte, und die meistens deren auch werth sind. Wollen sie das Höchste ausdrücken, was sie bedeuten, (und das sollen sie doch!) so werden sie unleidlich: denn die angestrengteste Gerechtigkeit die allergnädigste Gnade, die allerzerflossenste Andacht, die weichste Barmherzigkeit, die lachendste Liebe kann weder Mensch noch Stein tragen. Und ewig ertragen? in dem unna-
tür-

türlichen, krallen oder aufgelösten Zustande steht sie immer da, und nichts kann ihr helfen? Hinweg, Grimasse von Stein, und verwandle dich zu dem, was du einst warest, ein Wort, eine Sylbe!

Nun aber schwang sich auch meistens der Künstler nicht so hoch: er wollte seinen Block nicht anstrengen, den höchsten Ton aller Gerechten d. i. die Gerechtigkeit, den Inbegrif aller Andächtigen, die Andacht, ewig und unüberschwungen zu tönen; er blieb also in der seligen Mittelmäßigkeit, und so saget er gar nichts. Ist die Pietas höchstens nur etwa eine pia, die Caritas etwa eine cara, beide unbestimmt und ohne Individualformen; Schade, lieber Künstler, um Marmor, und Meißel und Zeit und Mühe. Hättest du lieber eine bestimmte pia und cara genommen, so stünde die doch lebhaft da, und dein heiliger Vater wäre mindstens von einigen guten Weibern in Stein beweint und betrauert worden, statt deren jetzt nur ein geschaffenes Nichts, Allegorische Tugenden, um ihn trauren!

Bei Grab= und Denkmahlen indeß lasse ich die Allegorie noch gelten: denn oft vertreten jene doch nur die Stelle der Bas=reliefs auf dem Monumente, und etwa der Gemmen und Münzen, sie sind kein freies Kunstbild. Auch die Griechen konnten wohl auf ein Grabmahl Psyche und Amor, halb als Allegorie (sie waren aber mehr als solche, sie waren Geschichte) stellen und ließen das schöne Paar, jetzt in neuer Bekanntschaft, sich schwesterlich küssen und umarmen. Ist irgend ein Ort, da man einen herabgesunknen Engel erwartet, so ists am Grabe, über der lieben Asche unsrer Todten, wo Alles so still ist, wo kein Laut aus jener Welt hinübertönet und wo wir doch so gern mehr als Asche fänden. Hier ist also auch wohl eine weinende oder tröstende Tugend zu ertragen, wenn sie, ihres Namens werth, nur als ein weiblicher Engel dasteht. Kann der Verstorbne oder die Verstorbne selbst in oder neben ihr gebildet werden, wie wirs erwarten, so ists freilich um so besser. Können würkliche Kinder, eine Geliebte, ein Weib daneben gebildet werden, so kehrt für Kunst und Denkmahl Wahrheit in die Züge, und also besser. — Aber wehe, wenn diese Grabengel, die man der Menschlichkeit, als Denkmahl der Liebe und milde Gabe zuließ, nun Hauptwerk der Kunst werden sollen und gar gelehrte Abstraktionen und Allegorien, wie Gespenster, alles verscheuchen! Ists sodenn nicht offenbares Zeichen der größten Dürftigkeit und Armuth, daß man nichts als solche habe? oder nur solche zu bilden vermöge?

Wie

Wie weit ists mit der Kunst der leibhaften Wahrheit gekommen, wenn sie keine leibhafte Wahrheit mehr hat, wenn sie statt des großen Einen Seeledurchwebten Ganzen nach einem Schmetterlinge von Witz, von Bedeutung, hascht, der um, oder neben oder über ihr schwebe! Und den sie doch auch, so klein der Preis wäre, nicht einmal zu erreichen, nicht auszudrücken vermag, denn zu aller litterarischen und moralischen Allegorie gehört Gruppe, und im eigentlichsten Verstande hat die die Bildnerei nicht.

„Nicht? die Bildnerei keine Gruppe? „Und Laokoon, Niobe, die beiden Brüder„ — Ich weiß das Alles und mehr als das. Ich weiß, daß ein Franzose noch neulich hochgerühmt hat, „seine Nation habe das Gruppi„ren der Bildsäulen nagelneu erfunden, sie „habe zuerst Bildsäulen malerisch gruppiret, „wie nie ein Alter gruppirt hat„ — Die Bildsäulen malerisch gruppiren? siehe, da schnarrt schon das Pfeifchen, denn eigentlich geredt, ists Widerspruch: Bildsäulen malerisch gruppiren. Jede Bildsäule ist Eins und ein Ganzes: Jede steht für sich allein da. Was der Gedachte also an den Alten tadelt, war ihnen ausgesuchte Weisheit, nähmlich nicht zu gruppiren, und wo

Gruppe

Gruppe seyn muſte, ſie ſelbſt, ſo viel möglich zu zerſtören.

Daher muſten Laokoons Kinder ſo klein ſeyn, ob ſie wohl Männer waren: nicht, wie Hogarth meint, ſeiner Schönheitslinie wegen, daß, wenn über alle drei ein Transportkaſte geſchlagen würde, er in Form der Pyramide oder Lichtflamme da ſtünde; an ſolche Zimmerarbeit hat wahrlich der Künſtler nicht gedacht. Woran er dachte und denken muſte, war, daß die Jungen dem Alten, zu ſeiner Größe erhoben, auch bei bunkler Nacht im Licht ſtünden, daß das Ganze ſofort Drei und nicht Eins, mithin der Geiſt des erhabnen Vater- und Todesleidens weg- und ſcheußlich zertheilt wäre, wenn alle drei da ſtänden und ſchrien und vergeblich mit den Schlangen rängen. Da er die zwei alſo nicht wegſchaffen konnte, um ſein herrliches Bild allein zu geben: ſo verkleinte er ſie wenigſtens und erniedrigte ſie zu halben Nebenwerken, riß dem einen Jungen das Maul auf (wie jeder feine Kenner der Griechiſchen Kunſt es mit Schrecken ſehen kann) verflocht ſie in das Gebiet der Schlangen und der Quaal, damit der erhabene Vater in ihrer Mitte allein ſtehe und als Held und Ringer ſein Leiden dem Himmel klage.

Die Gruppe Niobe, wo ſtand ſie? und wie wenig iſt ſie Gruppe! wie fern und zerſtreuet liegen die Ihrigen um ſie her! und die Jüngſte

in

in ihren Schoos geflohen, beugt sich und verbirgt sich, damit eben durch sie nur die Mutter allein und erhaben und als Mutter solcher Kinder erschiene.

Zwei brüderliche Freunde, die sich in der einfachsten Stellung auf einander lehnen; ein Paar, das sich in der einfachsten Stellung mit einem Kuß verschwistert, sind so wenig, Gruppe zu nennen, als Leda und der Schwan, Jupiter und sein Adler. Der Künstler fühlte das ewige Gesetz, das Wesen seiner Kunst, die nur Eins gibt, und in dem Einen Alles! die, je mehr sie zerstücket, theilt, gruppirt, häufet, um so ärmer wird und zuletzt eine Taube nöthig hat, die über der ganzen Gruppe schwebe und mit einem Steinzettel im Schnabel sage: was der Steinwald bedeute? denn weder dem sehenden Blick noch der tastenden Hand bedeutet jede einzelne Statue nun Etwas.

Tretet einmal her an diese noble Gruppe: Arria und Pätus, nebst Kammerfrauen und Bedienten. Wo sollt ihr stehen? welcher Person im Rücken? denn die Gruppe steht frei von allen Seiten mit mahlerischem Anstande. Und wenn ihr gar euer Gefühl zu Hülfe nehmen wolltet, wo anfangen? wo aufhören? und wo ist nun der Geist? des Bildes Eine ganze Seele? Alle in Schmerz, alle in Heldenmuth, alle das
zärt-

zärtliche Wörtlein nöthig habend, der Arria aus
dem Munde: non dolet Paete! das denn frei=
lich die Hand weder ertappen kann noch mag.
Wie simpel steht dagegen der Pätus der Alten,
und Arria sinkt ihm zu Füßen und er hält sie
und endet sein Leben. Also wiederum keine mah=
lerische Gruppe.

Kann nun eine Geschichte in der Bildhaue=
rei nicht Gruppe werden, weil jedes für sich auf
seinem Grunde, in seiner Welt stehet; liebe
Allegorie, wie wirds mit dir seyn, wenn du,
als Schmetterling oder Taube, aus vielen Per=
sonen oder Figuren, jede für sich ganz gebildet,
und doch nicht ganz gebildet, (nur für dich,
Allegoria, gebildet!) hervorfliegen sollt? Ich
fürchte, du bleibst wo du bist, dem Künstler im
müßigen Kopfe, denn in die arbeitende Hand
war kein Weg, und aus ihr in den zertheilten
Felsen, der nur in seinem Kopf Eins ist, noch
minder.

Endlich warum wollen wir der Natur wi=
derstreben und nicht jede Kunst thun lassen, was
sie allein und am besten thun kann? Wo Ein
Grund ist, auf Gemme, Münze, Tafel, da
bindet die Natur schon durch das Continuum
Einer Fläche. Gemme, Münze, Bas=Relief,
Denkmahl, kann nicht viel mehr als eine Allegorie
geben, dazu sind sie da und die geben sie unnach=
ahmlich

ahmlich. Warum sie von da wegreißen? mit ihr die großen Bilder der Wahrheit, Götter- und Heldengestalten, oder die Zaubertafel historischer Wahrheit, das Gemählde, verwirren und zu Schatten verscheuchen? Eine Epopee, worinn Allegorien handeln, und ein Drama, worinn Abstraktionen agiren, und eine Geschichte, worinn sie Pragmatisch tanzen, und ein Staat, worinn sie Idealisch ordnen, sind herrliche Meisterstücke; kaum aber herrlicher, als eine bildende Kunst, die sie in Fels gehauen, hinstellt, damit sie doch ja nicht aus der Welt verschwinden.

Leipzig,
gebruckt in der Breitkopfischen Buchdruckerey.
1778.

Verbesserungen.

S.   6. Z. 11. 12. was lies das.
—   9. — 19. auf der l. auf die.
— 17. — 16. nicht Viel l. Viel.
— 32. — 9. Todtenkampfes l. Todeskampfes.
— 37. — 2. blieb der l. blieb, der.
— 41. — 21. endete sich l. endete früh.
— 54. — 1. und selbst l. und wie sie selbst.
— 57. — 13. herab oder l. herauf oder.
— 63. — 15. Blinde l. blinde.
— 76. — 1. und das l. und oft das.
— 94. — 11. Abstraks l. Abstrakts.'
— 95. — 2. blinden l. Blinden.
— 102. — 9. edlen l. eklen.
— 108. — 6. bei Ich habe, einen neuen Abschnitt.
— 117. — 17. Lagen l. lagen.
— 119. — 10. lebendig = unglückliche l. lebendig. Unglückliche.
— 121. — 3. Herren l. Heroen.

www.ingramcontent.com/pod-product-compliance
Lightning Source LLC
Chambersburg PA
CBHW030359170426
43202CB00010B/1425